ADVENT
VERLAG

Worte, die bleiben

MARK FINLEY • STEVEN MOSLEY

LICHT AM ENDE DES TUNNELS?

DIE WAHRHEIT ÜBER DAS LEBEN NACH DEM TOD

ADVENT
VERLAG

Titel der englischen Originalausgabe: *Dark Tunnels and Brigth Lights – The Real Truth About Life After Death*
© 1994 by Pacific Press Publ. Ass., Boise, Idaho (USA), alle Rechte vorbehalten. Deutschsprachige Ausgabe gemäß einer Lizenzvereinbarung mit dem Copyrightinhaber.

Projektleitung: Elí Diez-Prida
Übersetzung: Markus Voß
Redaktionelle Bearbeitung: Günther Hampel
Korrektorat: Wolfgang Andersch, Reinhard Thäder
Einbandgestaltung: Julia Klaushardt, Hope Media Europe e. V.
Titelfotos: shutterstock.com – Patrick Tr
Satz: EDP
Gesamtherstellung: Thiele & Schwarz, Kassel

Die Bibelzitate sind – falls nichts anderes vermerkt – der Bibelübertragung *Gute Nachricht Bibel,* revidierte Fassung, durchgesehene Ausgabe in neuer Rechtschreibung, © 2000 Deutsche Bibelgesellschaft, Stuttgart, entnommen

Ansonsten bedeuten:

EB = *Revidierte Elberfelder Bibel,* © 1985, 1991, 2006 SCM R. Brockhaus im SCM-Verlag GmbH & Co. KG, Witten,

LB = *Die Bibel nach der Übersetzung Martin Luthers* (revidierter Text 1984), durchgesehene Ausgabe in neuer Rechtschreibung, © 1999 Deutsche Bibelgesellschaft, Stuttgart.

8. Auflage 2022

© 1996 Advent-Verlag GmbH
Pulverweg 6, 21337 Lüneburg
Internet: www.advent-verlag.de
E-Mail: info@advent-verlag.de

ISBN 978-3-8150-1278-9

Inhalt

Bevor Sie umblättern ...

Es war an einem sonnigen Nachmittag. Ein Halbwüchsiger hatte es eilig, nach Hause zu kommen. Deshalb nahm er die Abkürzung über den Friedhof. Im Vorübergehen fiel sein Blick auf einen Grabstein, dessen Inschrift seine Aufmerksamkeit erregte. Er blieb stehen und entzifferte die Schriftzüge.

Das war schon ein merkwürdiger Spruch, den ein Unbekannter da hatte einmeißeln lassen:

Die ihr vorbeigeht, hört auf mich.
Wie ihr jetzt seid, war einst auch ich;
wie ich jetzt bin, seid bald auch ihr.
Macht euch bereit, zu folgen mir.

Der Junge überlegte einen Augenblick, kramte aus der Tasche ein Stück rote Kreide hervor und schrieb unter die in Stein gehauenen Schriftzüge:

Wo du jetzt bist, geh' ich nicht hin,
bevor ich weiß, wo ich dann bin!

Mit dieser spontanen Reaktion fing ein Teenager in wenigen Worten all die diffusen Ängste ein, von denen sich die Menschen im Blick auf den Tod seit jeher bedrängt fühlen.

Die Ägypter bauten riesige Pyramiden, um ihren toten Königen eine angemessene Wohnstätte im Jenseits zu bieten. Millionen von Menschen in Indien, zunehmend mehr auch in Amerika und Westeuropa, glauben an die Reinkarnation.[1] Die meisten katholischen und protestantischen Christen sind der Auffassung, dass der Mensch eine unsterbliche Seele besitzt, die den Tod überdauert.

Die antike griechische Philosophie stellte den Menschen schon vor Jahrtausenden als ein Wesen dar, in dessen sterblichem Körper eine unsterbliche Seele wohnt. Der Tod sei deshalb ein rein physisches Ereignis, das zwar den Körper zerstöre, aber der Seele nichts anhaben könne.

Diese Idee spukt bis heute, zum Teil religiös verbrämt, in den Köpfen vieler Menschen. Seit einigen Jahren findet sie neue Nahrung durch Veröffentlichungen von Elisabeth Kübler-Ross, Dr. Jesse Moody und anderer Sterbeforscher.

Das Interesse an sogenannten Sterbeerlebnissen ist groß in der westlichen Welt. Die Leute hören es gern, wenn man ihnen sagt, dass die Seele nach dem Tod den Körper verläßt, zwar einen dunklen Tunnel zu durchqueren hat, aber schließlich in eine wunderschöne, strahlende Lichtwelt aufgenommen wird.

Ein kürzlich veröffentlichtes Buch über eine solche Todeserfahrung plazierte sich auf Anhieb an der Spitze einer von der „New York Times" ermittelten Bestsellerliste.

An dieser Stelle drängen sich mir allerdings einige Fragen auf: Ist eine Idee schon deshalb glaubwürdig, weil sie eine gewisse Popularität erreicht hat? Gibt es mehr als nur diese eine Möglichkeit,

---

[1]   Wiedergeburt der Seele in einem neuen Leben.

Erfahrungen zu erklären, die Menschen an der Schwelle des Todes gemacht haben? Was geschieht wirklich, wenn der Mensch stirbt? Gibt es eine Quelle, aus der sich zuverlässige Informationen über das Sterben und den Tod schöpfen lassen? Ist gegenüber solchen todesnahen Erlebnissen und den sich daran knüpfenden weltanschaulichen oder theologischen Deutungen möglicherweise Vorsicht geboten?

Wir, mein Mitautor Steve Mosley und ich, sind davon überzeugt, dass nur eine Quelle zuverlässig über das Leben nach dem Tod informiert. Wir bezweifeln, dass persönliche Erfahrungen ausreichen, um die Wahrheit zu ermitteln. Wir glauben vielmehr, dass Satan als gerissener Taktiker solche Wahrnehmungen missbraucht, um Menschen in die Irre zu führen. Er kann unsere Gefühle manipulieren, unser Wahrnehmungsvermögen beeinflussen und die Wirklichkeit falsch darstellen.

Deshalb gibt es für uns nur eine zuverlässige Quelle der Wahrheit: Die Heilige Schrift. Sie allein lüftet das Geheimnis, das über dem Tod liegt. Und sie entlarvt zugleich die dämonische Macht, die sogenannte Sterbeerlebnisse missbraucht, um falsche Hoffnungen zu wecken.

Wenn Sie wirklich wissen wollen, was geschieht, wenn ein Mensch stirbt, sollten Sie sich anhand der Bibel mit dieser Thematik auseinandersetzen. Diese Broschüre möchte Ihnen dabei helfen. Sie soll zeigen, warum der Mensch trotz seiner Vergänglichkeit getrost in die Zukunft blicken kann. Sie mahnt aber auch zur Vorsicht, denn nicht alles, was heutzutage auf dem Markt der Möglichkeiten angeboten wird, ist wahr.

Ich kann Ihnen nur wünschen, dass die Lektüre dieses Buches Sie mit dem Herrn über Leben und Tod bekannt macht: Jesus Christus. Er ist es nämlich, der aus der Endstation Grab einen Weg ins Licht gebahnt hat. Oder um es noch genauer zu sagen: Er selbst ist das Licht am Ende des Tunnels.

Mark A. Finley

Magie in religiösem Gewand

Der alte Mann näherte sich langsam der Kasse, doch dann schien er zu merken, dass es uns nicht ums Geld ging. Er wollte in den hinteren Teil des Ladens flüchten, aber mein Kumpel schnitt ihm den Weg ab. Als er wieder auf mich zukam, hob ich die Pistole und drückte ab. Mit weit aufgerissenen Augen brach er zusammen, wollte sich aber wieder hochrappeln.

Der nächste Schuss durchschlug ihm Herz und Lunge. Ich hatte mit Kugeln geschossen, die besonders große Wunden in den Körper reißen. Das Blut spritzte durch den ganzen Laden. Alles war blutverschmiert. Tödlich getroffen sank der Mann zu Boden. Wir gingen hinaus ins Freie. Es ging uns nicht um Geld oder Waren, wir wollten nur für Satan einen unschuldigen Menschen töten.

Sean Sellers ist der jüngste Insasse einer Todeszelle im US-Bundesstaat Oklahoma. Was Sie eben gelesen haben, jagt mir einen kalten Schauer über den Rücken – und Ihnen wahrscheinlich auch. Es ist Seans Schilderung eines seiner Verbrechen, für die er zum Tode verurteilt worden ist: der kaltblütige Mord an einem Ladeninhaber.

Kürzlich führte der christliche Autor Jerry Johnson im MacAllister-Hochsicherheitsgefängnis ein Interview mit Sean.

Am Ende des Gesprächs schilderte Sean eine noch schrecklichere Tat:

Ich erinnere mich noch genau daran, wie ich das Schlafzimmer meiner Eltern betrat. Sie lagen ahnungslos im Bett und schliefen. Ich hob die Pistole, zielte auf den Kopf meines Vaters und drückte ab. Gleich danach schoss ich auch meiner Mutter in den Kopf. Da ihr Körper noch zuckte, feuerte ich eine zweite Kugel hinterher. Anschließend verließ ich das Zimmer und stellte mich unter die Dusche.

Danach kehrte ich noch einmal ins Schlafzimmer zurück und schaltete das Licht ein. Meine Mutter hatte ein Loch im Gesicht, aus dem Blut aufs Bett sickerte. Beim Anblick der Leichen spürte ich große innere Erleichterung. Ich fing an zu lachen, ging in mein Zimmer, kleidete mich an und machte mich auf den Weg zu meinem Freund.

Warum erschießt ein junger Mensch seelenruhig seine Eltern und geht dann lachend fort? Was spielt sich in solch einem Hirn ab?

Sean selbst gab auf diese Fragen eine klare Antwort. Er erzählte, dass er als Teenager lange Zeit in den Satanismus verstrickt war:

Ich glaubte, dass nicht Gott, sondern Satan mich lieb hatte. Ich hielt das Böse für gut und das Gute für böse. Von Zeit zu Zeit fragte ich mich, ob ich richtig dachte. Ich war hin- und hergerissen zwischen dem, was ich noch bis vor kurzem geglaubt hatte, und dem, was ich nun sah. Doch schließlich war ich von der Richtigkeit meiner neuen Erkenntnis überzeugt. Von da an befasste ich mich ständig mit okkulten Praktiken. Das Pentagramm,[2] magische Kreise

---

[2]   Stern mit fünf Zacken – ein Symbol des Okkultismus.

und verschiedene Glücksbringer sollten mich vor Dämonen schützen. Ich geriet immer tiefer in die Philosophie hinein, dass das Gute und das Böse gegeneinander ausgetauscht seien.

Ich hielt die Dämonen für meine Freunde, obwohl ich innerlich spürte, dass sie eigentlich meine Feinde waren. Ich begann Geister zu beschwören und lud sie ein, von meinem Leben Besitz zu ergreifen. Sie taten das wohl auch, denn ich merkte, wie sich in meinem Inneren etwas veränderte. Es war wie eine Explosion, die alles Gute in mir zerstörte. Wirklich merkwürdig.

Wenn man solch eine Lebensbeichte hört, fragt man sich natürlich: Warum lassen sich Menschen auf solche Praktiken ein? Wie kommt jemand dazu, Satan anzubeten und ihm sogar Menschenleben zu opfern? Was Sean dem Journalisten anvertraute, wirft ein bezeichnendes Licht auf die Geisteshaltung solcher Menschen:

Obwohl wir uns ständig okkulter Rituale bedienten, hatten wir das Gefühl, noch längst nicht erreicht zu haben, wonach wir strebten. Wir wollten Macht über Menschen und Dinge. Aber das bloße Anrufen von Dämonen brachte uns diesem Ziel scheinbar nicht näher. Deshalb missachteten wir bewusst die christlichen Gebote, um Satan unsere Treue zu beweisen. Nichts war uns mehr heilig. Es gab nur noch eins der göttlichen Gebote, das wir bisher nicht gebrochen hatten: „Du sollst nicht töten!" Mit den Morden konnte ich Satan zeigen, dass ich wirklich auf seiner Seite stand.

„Wir wollten Macht um jeden Preis!" Dieses Thema zieht sich wie ein roter Faden durch Seans

Geschichte. Das scheint der Wunsch all derer zu sein, die sich mit Channeling,[3] heidnischen Kulthandlungen, Spiritismus oder Magie einlassen. Das Interesse am Okkulten entspringt genau dem Beweggrund, der Satan seine Stellung im Himmel kostete – dem Streben nach Macht.

Der Engelfürst Luzifer war nicht mit dem Rang zufrieden, den ihm der Schöpfer zugebilligt hatte. Er wollte mehr – viel mehr:

„Ich steige immer höher, bis zum Himmel. Dort oben will ich meinen Thron errichten, ich will noch höher sein als Gottes Sterne. Ich setze mich im Rat der Götter nieder, im fernsten Norden, auf dem Götterberg. Ich steige höher als die Wolken reichen, dann endlich gleiche ich dem Allerhöchsten." (Jesaja 14,13.14)

Es war verhängnisvoll für Satan, dass er nach gottähnlicher Macht strebte, ohne eine göttliche Gesinnung zu haben und göttliche Ziele zu verfolgen. Macht zu gewinnen und auszuüben, darum ging es auch Sean. Und da er sonst keine Chance sah, dieses Ziel zu erreichen, zapfte er okkulte Quellen an. Dass er dabei in schwärzestem Satanismus landete, schien ihm nichts auszumachen.

Der Okkultismus verspricht dem Menschen genau das, wonach er verlangt: Macht, Erfolg, Lebensfreude – und das alles schnell und mühelos.

Viele meinen, ihre Probleme durch okkulte Praktiken auf geheimnisvolle Weise lösen zu können.

---

[3]   Kontaktaufnahme mit der Geisterwelt.

Deshalb ziehen Medien[4] und Spiritisten immer mehr Menschen in ihren Bann. Sie weisen nämlich einen Weg zu ewigem Leben, auf dem man scheinbar um den Tod herumkommt.

Alle neuheidnischen Kulte (New Age, Spiritismus, Satanskult) verbergen die Magie unter dem Mantel der Religion. Ihre Angebote sind vielfältig: Unterziehe dich bestimmten Ritualen, dann wirst du Erfolg haben. Kaufe die richtigen Kristalle, und Du wirst gesund. Tritt über ein Medium mit alten Quellen der Weisheit in Verbindung, und du wirst erleuchtet werden. Bete den Teufel an, und er verschafft dir, was du wünschst.

Besonders Menschen, die sich in einer ausweglosen Situation befinden oder deren Bedürfnisse nicht befriedigt werden, sind anfällig für solch verlockende Angebote. Sie wollen oder können ihre Probleme nicht selbst bewältigen, deshalb hoffen sie, alles könne durch eine Zauberformel oder ein geheimnisvolles Ritual gelöst werden.

Tatsächlich ist es ja auch ein weiter und anstrengender Weg, mit verletzten Gefühlen fertig zu werden, schädliche Gewohnheiten abzulegen oder zerbrochene Beziehungen wiederherzustellen. Warum also solch beschwerliche Wege gehen, wenn es Abkürzungen gibt – und seien sie noch so fragwürdig?

Die biblischen Propheten bekämpften alles Magische ausdrücklich. Damals bestand die Religion der

---

[4]   Personen, die behaupten, Botschaften aus der Geisterwelt übermitteln zu können.

Völker, mit denen Israel in Verbindung kam, vor allem aus der Anbetung selbstgefertigter Götterbilder.

Jesaja beispielsweise versuchte durch einen starken Vergleich anschaulich zu machen, wie unsinnig es ist, mit eigener Hand Götzenbilder anzufertigen und sie dann als Götter anzubeten: „Die Hälfte des Holzes habe ich verbrannt, über dem Feuer habe ich Fleisch gebraten und in der Glut mein Brot gebacken. Und da sollte ich aus der anderen Hälfte einen Götzen machen, mich vor einem Holzklotz niederwerfen?" (Jesaja 44,19)

In den damaligen heidnischen Religionen gab es Götzen für jede Lebenslage. Die einen sollten eine reiche Ernte garantieren oder in Kriegszeiten helfen, von anderen erbat man Gesundheit oder einen reichen Kindersegen. Viele Götzenbilder waren Glücksbringer und Gebrauchsgegenstände zugleich und sollten eine sichere Zukunft garantieren.

So sah die „Religion der Abkürzung", die Magie, damals aus. Die alttestamentlichen Propheten hatten das klar erkannt. Deshalb zogen sie zwischen Götzendienst und Anbetung des wahren Gottes eine deutliche Grenze.

Wenn man in wenigen Worten zusammenfassen wollte, was die Bibel über Götzendienst sagt, könnte es heißen: Hüte dich davor, auf geheimnisvolle Weise Macht erlangen zu wollen! Wirkliche Vollmacht kommt allein von Gott, nicht aus dunklen Quellen!

Ein anschauliches Beispiel dafür ist die Auseinandersetzung zwischen Mose und Pharao. Seit vier Jahrhunderten lebten die Israeliten in Ägypten, die meiste Zeit als Sklaven. Sie begegneten dort auf Schritt und Tritt Götzenbildern, magischen Beschwörungsformeln und okkulten Ritualen. Deshalb beauftragte Gott den ehemaligen Königssohn Mose damit, Israel in die Freiheit zu führen. Doch der Pharao war nicht bereit, Gottes Volk ziehen zu lassen.

Um die Freilassung Israels zu erzwingen, bediente sich Jahwe außergewöhnlicher Zeichen. Damit zeigte er zugleich, wie mächtig der wahre Gott und wie ohnmächtig die Götzen sind. Die göttlichen Wundertaten waren so angelegt, dass sie genau das als höchst fragwürdig erscheinen ließen, woran die Ägypter so fest glaubten.

Damals fanden bestimmte religiöse Feiern am Nil statt, weil man den Fluß als Gott anbetete, der Leben und Wohlstand schenkte. Mose reckte im Auftrag des wahren Gottes seinen Stab über den Nil – da wurde das Wasser des Flusses wie das Blut eines Toten. Die Ägypter beteten zum Sonnengott Ra. Mose reckte seinen Arm gegen den Himmel – da verdunkelte sich die Sonne und es wurde im ganzen Land stockfinster.

Auch Tiere betete man in Ägypten an. Einige von ihnen ließ Gott zur Plage werden, um den Menschen zu zeigen, wie töricht es ist, von Tieren Heil zu erwarten. So wurden Frösche, Stechmücken, Fliegen und Heuschrecken auf Geheiß Moses für ganz Ägypten zur Qual.

Zunächst versuchten die ägyptischen Magier mit Mose mitzuhalten, um zu zeigen, dass auch ihre Götter Macht besitzen. Sie ahmten das Wunder nach, durch das Moses Stab zu einer Schlange geworden war. Auch Wasser konnten sie rot färben, so dass es wie Blut aussah. Doch dann waren sie mit ihrer Kunst am Ende. Gegen den allmächtigen Gott hatten sie keine Chance.

Das ist der springende Punkt. Die wirkliche Macht liegt allein in Gottes Hand. Er ist der Schöpfer, der am Anfang alles geschaffen hat und auch heute noch Neues schaffen kann. Was er vermag, bringen Kristallkugeln, Beschwörungsformeln und Magie nicht zustande.

Der christliche Schriftsteller Norman Vincent Peale erzählte einmal, wie sehr ein Erlebnis aus der Kindheit sein Gottesbild geprägt hatte. Die Geschichte drehte sich um den stadtbekannten Alkoholiker Dave.

Wenn er nüchtern war, konnte man gut mit ihm auskommen. Aber wehe, er begann zu trinken. Dann war er nicht wiederzuerkennen. Beim geringsten Anlass beschimpfte er die Leute oder prügelte unbarmherzig auf sie ein. Niemand fluchte so gotteslästerlich wie dieser Säufer. Am meisten hatte seine Frau unter ihm zu leiden, denn an ihr ließ Dave seine Wut meist zuerst aus.

Merkwürdigerweise besuchte Dave regelmäßig die Kirche, in der Norman Peales Vater Pastor war.

Eines Tages predigte Pastor Peale mit bewegenden Worten über Gottes Liebe und betonte dabei, dass der Vater im Himmel nur darauf warte, uns Menschen von der Macht der Sünde zu befreien. Am Schluss der Predigt lud er alle, die ihr Leben Jesus

Christus übergeben wollten, ein, nach vorn zu kommen. Aber niemand erhob sich. Peinliche Stille machte sich im Kirchenschiff breit. Doch plötzlich kam jemand festen Schritts durch den Mittelgang nach vorn. Normans Mutter wagte kaum zu atmen. Erschrocken flüsterte sie: „Es ist Dave, der Säufer!"

Der stämmige Mann kniete vor dem Altar nieder und sagte: „Mein Leben kann nicht so weitergehen wie bisher. Ich brauche Jesus. Nur er kann mich retten."

Pastor Peale kniete neben Dave nieder, betete einige Zeit leise für ihn, legte dem Mann dann die Hand aufs struppige Haar und segnete ihn. Dave stand zögernd auf, drehte sich um und blickte die versammelte Gemeinde an. Staunen und unaussprechliche Freude standen ihm ins Gesicht geschrieben. Niemals, so sagte Norman Peale, der diese Szene als Kind miterlebt hatte, werde er diesen Gesichtsausdruck vergessen.

Natürlich waren die anderen Kirchenbesucher davon überzeugt, dass Daves Bekehrung nicht von langer Dauer sein würde. So ein heruntergekommener Kerl konnte sein Leben ihrer Meinung nach gar nicht mehr ändern. Schon gar nicht durch Knien in der Kirche und ein bisschen Segen. Aber sie hatten sich alle getäuscht.

Während Norman Vincent Peale vom Kind zum Mann heranwuchs, konnte er Daves Lebensweg aus nächster Nähe verfolgen. Er lernte den ehemaligen Säufer als ein wandelndes Wunder kennen. Die Bekehrung hielt nämlich 50 Jahre lang an.

Peale schrieb später: „Er wurde im wahrsten Sinne des Wortes ein Heiliger, ein neuer Mensch in Christus. Ein halbes Jahrhundert lang beschenkte Dave jeden, der ihn kennenlernte, durch seine freundliche und liebevolle Art."

Als Junge hatte Norman seinen Vater nach dem Geheimnis einer solchen Veränderung gefragt. Der hatte nur geantwortet: „Es ist die Macht Gottes. Mehr kann ich Dir auch nicht sagen, Norman."

Die Macht Gottes! Auf sie kommt es im Leben des Menschen an. Sie ist der Ursprung für bleibende Veränderungen. Durch sie werden schwache Menschen zu Siegern. Die Frage ist allerdings: Wie kommen wir an diese Macht heran? Wie können wir praktisch erleben, was Gott jedem Menschen theoretisch anbietet?

Zuerst möchte ich erklären, auf welche Weise es nicht gelingt. Bibelgläubige Christen wollen selbstverständlich nichts mit spiritistischen Praktiken oder esoterischer Kristallehre zu tun haben. Dennoch fallen viele auf eine Täuschung herein, die zwar nicht wie Magie aussieht, letztlich aber doch magisches Denken ist.

In manchen christlichen Kreisen wird heute propagiert: „Was Sie sich auch wünschen, es wird Ihnen zuteil, wenn Sie darum im Namen Jesu beten. Gott hat sich verpflichtet, die zu erhören, die im Namen seines Sohnes zu ihm kommen. Nehmen Sie ihn beim Wort. Sie müssen nur fest genug daran glauben, dass er Ihre Bitte erfüllt, dann geschieht auch, worum Sie beten!"

Ich halte solches Denken für eine gefährliche Form christlichen Aberglaubens. Ohne Frage fordert uns Jesus Christus dazu auf, Gott im Gebet zu suchen, bei ihm anzuklopfen und mit all unseren Sorgen und Bedürfnissen zu ihm zu kommen. Und die Bibel ist voll von Zusagen Gottes, auf die wir uns berufen dürfen. Allerdings wird es gefährlich, wenn wir diese Verheißungen eigenwillig missbrauchen.

Glaube ist keine Leistung, mit der wir uns Gott verpflichten, und schon gar kein Zaubermittel, mit dessen Hilfe wir ihn zum Erfüllungsgehilfen unserer Wünsche machen könnten.

Worum es wirklich geht, erklärte der Apostel Johannes so: „Wir vertrauen ganz fest darauf, dass Gott uns hört, wenn wir ihn um etwas bitten, das seinem Willen entspricht." (1. Johannes 5,14)

Das Gebet soll uns in Übereinstimmung mit Gott bringen. Wenn wir beten, geht es nicht darum, ihm unseren Willen aufzuzwingen, sondern seinen Willen für unser Leben zu erkennen und auch zu akzeptieren.

Wer Gott als Automaten ansieht, in den man oben die Gebete und Wünsche hineinsteckt, um unten die Erfüllung herauszuholen, zeigt damit, dass er nur sich selbst als Mittelpunkt alles Geschehens sieht und nicht Gott. Solche Haltung lässt die göttlichen Verheißungen zu kleinen Götzenbildern werden, die für reichliche Ernten, sichere Reisen oder gesundes Vieh sorgen sollen. Anstatt mit Gott über sich und ihre wirklichen Bedürfnisse zu reden, versuchen manche Christen, Gott auf magische Weise zu mani-

pulieren. Wahres Christentum hat mit solchem Ho-
kuspokus nichts zu tun, wie fromm er auch erscheinen mag. Unser Christsein wird geprägt durch die
Beziehung, die wir zu Jesus Christus haben. Von dieser persönlichen Gemeinschaft hängt es ab, was aus
uns wird – nicht von der Anzahl der Bibelstellen, die
wir zitieren können oder auf die wir uns berufen.

Gottes Verheißungen haben vor allem das Ziel,
unsere Beziehung zu Christus zu festigen, unseren
Glauben zu stärken und dadurch unser Leben zu
bereichern. Wenn wir sie missbrauchen, indem wir
Gott mit ihrer Hilfe nötigen wollen, unsere Wünsche
zu erfüllen, steuern wir geradewegs auf Magie im
christlichen Gewand zu.

Der Weg zu echtem geistlichen Leben führt nicht
über die Kristallehre des New Age, über neuheidni-
sche Kulte oder Magie. Solche scheinbaren Abkürzungen enden früher oder später in der Sackgasse
des Aberglaubens oder gar im Satanismus.

Selbstverständlich gibt es auch im esoterischen
Bereich unzählige verlockende Angebote, aber sie
halten nicht, was sie versprechen. Sie können den
Menschen nicht innerlich heil machen, wie es beispielsweise der Trunkenbold Dave erlebt hatte.
Wenn es um die Erneuerung des Herzens und die
Umwandlung des Lebens geht, versagen menschliche Heilslehren kläglich. Schlimm nur für den, der
sich auf sie verlässt, anstatt sein Heil in Jesus Christus
zu suchen.

Was die Hinwendung zu Jesus Christus bewirken
kann, lässt sich auch am Leben des Apostels Paulus

ablesen. Nachdem die Begegnung mit Christus sein Denken von Grund auf verändert hatte, veränderte Paulus seinerseits die Welt. Seine Predigten bewegten Tausende von Menschen, sich ebenfalls für Christus zu entscheiden. Durch die Kraft Christi wurde er ein begnadeter Missionar und geistlicher Führer.

Wohin er auch kam, überall entstanden christliche Gemeinden. All das schrieb er nicht seiner Gelehrsamkeit, seinem Wagemut und Fleiß oder gar magischen Fähigkeiten zu, sondern Christus: „Allem bin ich gewachsen, weil Christus mich stark macht." (Philipper 4,13) Und seine christliche Existenz umschrieb er mit den Worten: „Ich bin mit Christus am Kreuz gestorben; darum lebe nun nicht mehr ich, sondern Christus lebt in mir." (Galater 2,19.20)

„Christus ist mein Leben!" Das war das Geheimnis seiner geistlichen Vollmacht und auch seines Erfolgs. Deshalb rief er allen Gläubigen zu: „Brüder, weil Gott so viel Erbarmen mit uns hatte, rufe ich euch zu: Stellt euer ganzes Leben Gott zur Verfügung! Bringt ihm euch selbst als lebendiges Opfer dar … Passt euch nicht den Maßstäben dieser Welt an. Lasst euch vielmehr im Innersten von Gott umwandeln. Lasst euch eine neue Gesinnung schenken." (Römer 12,1.2)

Vielleicht sehnen auch Sie sich danach, dass sich Ihr Denken und Fühlen zum Guten hin verändert, ohne dass Sie recht wissen, wie das geschehen soll. Denken Sie an den Apostel Paulus. Als er sich Christus bedingungslos auslieferte, machte der ihn zu einem neuen Menschen.

Wenn Sie Gott bitten, Ihr Leben in die Hand zu nehmen, wird er das tun. Dann hören auch die untauglichen Versuche auf, ihn vor den Karren eigensüchtiger Wünsche zu spannen. Sie wollen Gott nicht mehr manipulieren, um Ihre eigenen Ziele zu erreichen. Wenn man sich unter die Herrschaft des lebendigen Gottes begibt, bleibt für die Spielerei mit Götzen kein Raum mehr.

Ich erinnere noch einmal an den ehemaligen Säufer Dave. Was hat er getan, um aus seinem unwürdigen Leben herauszukommen? Keine gutgemeinten Versprechungen, keine heiligen Schwüre, keine moralischen Kraftakte, die vor der nächsten Kneipe zusammenbrechen, sondern einfach das Eingeständnis: „So kann es nicht weitergehen!"

Indem er dem Aufruf des Pfarrers folgte und zum Altar ging, legte er Christus sein altes Leben mit der Bitte zu Füßen, alles neu zu machen. Er brachte sich gleichsam selbst zum „lebendigen Opfer", wie es Paulus formuliert hat. Und die Frucht dieser Bekehrung war, dass Dave 50 Jahre lang andere glücklich machte.

In aller Welt gibt es Menschen, die dieses Neuwerden durch Christus am eigenen Leibe erlebt haben. Selbst solche, die sich in die Sackgasse des Satanskults verirrt haben, können umkehren. Gott ist mächtiger als der Teufel. Er kann auch aus satanischen Bindungen herausreißen; der Gebundene muss es nur wollen. Selbst ein Mann wie Sean Sellers hat das erfahren dürfen. Im Rückblick auf seine furchtbaren Verbrechen bekannte er:

Eins war mir klar: Ich wollte keine Minute länger Satanist bleiben. Der Satanskult hatte mir alles genommen, was mir einst wertvoll war. Er beraubte mich meiner Eltern und meiner Zukunft. Ich hatte begriffen, dass Satan mir nichts als Lügen vorgegaukelt hatte. Aber wie sollte ich aus den Verstrickungen herauskommen?

Mit Gott hatte ich es schon probiert, aber es war nichts dabei rausgekommen. Satan hatte mich nun ebenfalls verstoßen. Ich saß zwischen den Stühlen und wollte mich umbringen. Aber da war etwas, was mich im letzten Augenblick davon abhielt.

Am nächsten Tag wurde ein Mann in die Zelle neben mir eingeschlossen. Ich glaube, er war wegen eines Verkehrsdelikts inhaftiert worden. Er schenkte mir eine Bibel. Ich schlug sie auf und las in den Psalmen. Mir fehlen die Worte, um zu beschreiben, was nun geschah. Plötzlich erkannte ich, wie sehr ich von Satan getäuscht worden war. Es stimmte, Jesus liebte mich wirklich! Ich hatte keine Ahnung von Gott. Genauso wenig wusste ich von Jesus, bis auf eins: Er hat mich lieb!

Ich kniete auf dem Betonfußboden meiner Zelle nieder. Stockend kamen die Worte über meine Lippen: „Herr, hier bin ich wieder. Wenn Du mich noch einmal annimmst, will ich Dir dienen." Dann flossen die Tränen in Strömen. Solange ich Satanist war, hatte ich keine einzige Träne vergossen. Selbst nach der Ermordung meiner Eltern hatte ich nur gelacht. Aber jetzt weinte ich, denn ich spürte, wie Jesu Liebe mich tief innerlich berührte.

Wie oft hatte meine Mutter zu mir gesagt: „Ich liebe dich, Sean." In solchen Momenten sah ich sie ungerührt an und entgegnete kalt: „Ich dich aber nicht!" Ab und zu spür-

te ich starke körperliche Schmerzen, aber weinen wollte ich um keinen Preis. Meine Tränen waren versiegt; sie waren für anderthalb Jahre wie ausgetrocknet.

Nachts peinigten mich Alpträume. Manchmal sah ich mich Menschen in Stücke hacken. Auch die teuflischen Sexualpraktiken und die blutigen Rituale des Satanskults tauchten immer wieder wie dunkle Schatten auf.

Als ich auf dem kahlen Betonfußboden kniete und betete, brach meine ganze Verzweiflung in einem schier endlosen Strom von Tränen aus mir heraus. In der Nacht danach habe ich zum ersten Mal seit eineinhalb Jahren wieder ruhig geschlafen. Alle Alpträume waren wie weggeblasen.

Als ich aufwachte, hatte ich nicht wie sonst üblich das Bedürfnis, Gott zu lästern. Ich wusste nicht, wie es in meinem Leben weitergehen sollte, aber ich vertraute darauf, dass alles in Ordnung kommen würde. Jemand liebte mich! Wie lange hatte ich als Satanist gerade danach gesucht! Ich war einfach zu dumm, zu überheblich oder zu starrsinnig gewesen, um es mit Jesus zu versuchen.

Wenn jemand erst in der Todeszelle begreift, dass Gott ihn liebt, dann ist das reichlich spät, aber doch wohl nicht zu spät.

Wir sollten es nicht soweit kommen lassen. Gewiss, wir sind umgeben von Unglauben und Aberglauben. Überall werden „Abkürzungen zum Heil" angepriesen, und die Sackgasse ist nicht immer gleich zu erkennen. Lassen wir uns nicht täuschen. Es gibt nur einen Weg zum Leben: Jesus Christus. Und Gott möchte, dass wir diesen Weg gehen.

Der Hauch einer Chance

Diesen Anruf in Georgia, wo ich damals wohnte, werde ich niemals vergessen. Eine Krankenschwester war am anderen Ende der Leitung und fragte aufgeregt: „Sind Sie Pastor Mark Finley?" „Ja, der bin ich. Was kann ich für Sie tun?" antwortete ich.

„Ich brauche dringend Ihre Hilfe. Gerade hat eine junge Frau ein totes Baby zu uns gebracht. Sie ist Kindermädchen bei einer Familie in Trenton. Jetzt ist sie auf dem Weg zu den Eltern des Kindes. Die ahnen noch nichts von dem Unglück. Ich glaube, die Leute gehören zu ihrer Kirche und ich möchte Sie bitten, sofort zu der Familie zu fahren und den Leuten schonend beizubringen, dass ihr Kind tot ist. Das Mädchen ist außer sich vor Angst."

Ich machte mich sofort auf den Weg. Als ich an der Haustür klingelte, schlug mir das Herz bis zum Hals. Wie „schonend" kann man Eltern beibringen, dass ihr Kind nicht mehr lebt? Wie würden die Leute darauf reagieren?

Mit solchen und anderen Fragen gilt es sich immer dann auseinanderzusetzen, wenn man dem Tod handgreiflich begegnet. Ich weiß nicht, wie es Ihnen geht, aber für mich ist Sterben mehr als nur das natürliche Ende eines Lebens. Mir geht jeder Todesfall nahe, weil er nicht nur aktuelle, sondern auch prinzipielle Fragen aufwirft, die schwer zu beantworten sind. Außerdem empfinde ich den Tod als etwas Unnatürliches und Heimtückisches.

Wahrscheinlich haben die meisten von uns schon einen geliebten Menschen verloren und wissen aus Erfahrung, wie sehr das schmerzt. Wie soll man mit solch einer inneren Verletzung fertig werden?

Sie haben es bestimmt auch schon erlebt, wie schwer man sich tut, trauernden Menschen zu begegnen. Wie soll man ihnen Trost zusprechen, obwohl man spürt, dass Worte nichts ausrichten können? Am liebsten möchte man sich um das Problem Tod herumdrücken, zumindest aber dem Sterben die trostlose Endgültigkeit nehmen. Ist das vielleicht möglich?

Seit einiger Zeit kommen vermeintliche Hoffnungssignale aus einer unvermuteten Richtung – aus Hollywood! Da sich viele Vertreter der christlichen Kirchen mehr um soziale Fragen kümmern als um die Ewigkeit, scheinen andere die Initiative ergriffen zu haben. Nicht zuletzt in den Bereichen Film, Funk und Fernsehen.

Gruselfilme, in denen es spukt, von Geistern wimmelt oder Tote ins Leben zurückkehren, flimmern seit langem über die Kinoleinwände oder Fernsehbildschirme. Vielleicht stehen uns dabei einen Augenblick die Haare zu Berge, aber eigentlich nimmt sie niemand wirklich ernst. Es sind halt Produkte aus dem Gruselkabinett exzentrischer Filmemacher. Seit kurzem deutet sich jedoch ein neuer Trend auf diesem Markt an.

Es scheint nicht mehr nur um Horrorvisionen zu gehen, sondern um die Frage, wie es nach dem Sterben weitergeht. Angebliche Erfahrungen nach dem Tod werden als Abenteuer dargestellt und wecken so unterschwellig Hoffnungen im Zuschauer, die sich eines Tages als gefährliche Täuschung herausstellen könnten.

Lassen Sie mich einige Beispiele nennen. In dem Film „Flatliners" experimentieren einige Medizinstudenten mit dem Tod, um in Erfahrung zu bringen, was nach dem Sterben auf den Menschen zukommt.

Der Film „Beetlejuice" benutzt die an sich gruselige Kulisse eines Spukhauses als Hintergrund zu einer lustigen Geschichte. Beetlejuice, ein verrückter Kerl aus dem Jenseits, unterstützt ein altes Ehepaar dabei, den Haushalt im Dachgeschoss ihrer alten Villa in Schwung zu halten.

Der größte Erfolg in der Reihe von Kinofilmen, die sich mit dem Übersinnlichen beschäftigen, war zweifellos „Ghost". Dieser Film spielte 1990 mehr Geld ein als jeder andere.

„Ghost" beschreibt die Abenteuer eines jungen Mannes, der zwar gestorben ist, aber diese Welt noch nicht endgültig verlassen konnte, weil er alle Hände voll damit zu tun hat, seine Freundin vor Verbrechern zu schützen. Ein spiritistisches Medium hilft ihm schließlich bei der Rettung des Mädchens und stellt den Kontakt zwischen der Lebenden und dem Verstorbenen her.

Solche und andere Filme würden nicht gedreht, wenn die Produzenten nicht wüssten, dass sie beim

Publikum auf Resonanz stoßen. Man rechnet einfach damit, dass die Zuschauer am Thema Sterben und Tod interessiert sind. Also gaukelt man ihnen auf diese Weise einen scheinbaren Blick hinter die Kulissen vor.

Träumen wir nicht alle davon, dass Liebe oder Treue den Tod überdauern? Viele können sich einfach nicht damit abfinden, dass Beziehungen, an denen ihnen soviel liegt, irgendwann unwiederbringlich zerstört werden. Sollte man da nicht aufhorchen, wenn auch nur der Hauch einer Chance besteht, mit Verstorbenen wieder in Verbindung zu treten?

Wenn Sie mich fragen, so glaube ich nicht, dass diese übersinnliche Welle in Film und Fernsehen nur mit dem Geschäft zu tun hat. Ich könnte mir denken, dass in manchen Fällen ganz bewusst esoterisch manipuliert werden soll. Deshalb möchte ich davor warnen, die Hoffnung auf ein Leben nach dem Tod aus solch trüben Quellen zu nähren. Wer das tut, setzt ganz bestimmt aufs falsche Pferd.

Wir brauchen nämlich nicht nur den Hauch einer Chance, um das Dunkel des Sterbens aufzuhellen, sondern die feste Gewissheit, dass der Tod nicht das letzte im Leben des Menschen ist. Mit anderen Worten: Uns helfen nicht nebulöse Wunschbilder, sondern nur eine begründete Hoffnung. Gibt es die?

Ich habe von dieser Hoffnung zum ersten Mal etwas gespürt, als meine Großmutter starb. Sie war Kettenraucherin und erkrankte an Lungenkrebs. Meine Mutter schien unsagbar darunter zu leiden, dass sie Großmutter dahinsiechen sah, ohne ihr helfen zu können. Aber zu dem Schmerz über den körperlichen Verfall kam noch eine schwere seelische Belastung.

Als Katholikin fürchtete sie nämlich, dass ihre Mutter für lange Zeit ins Fegefeuer musste. Das schien ihr den Rest zu geben. Aber dann geschah das, woran ich mich heute noch erinnere, als wäre es erst gestern gewesen. Kurz vor Großmutters Beerdigung fragte Vater meine Mutter, ob er ihr einmal vorlesen solle, was in der Bibel über den Zustand der Toten steht.

Mein Vater gehörte zur Adventgemeinde und hatte sich eingehend mit dieser Thematik beschäftigt. Ich kann mich nicht erinnern, dass Vater und Mutter sich jemals über ihren Glauben unterhalten hätten. Aber jetzt schien der Augenblick dafür gekommen zu sein, denn Mutter brauchte wirklich Hilfe. Die Frage, was ihre geliebte Mutter nach dem Tod erwartete, brachte sie nämlich schier zur Verzweiflung.

Die Antwort, die mein Vater anhand der Bibel gab, war überraschend. Er las aus dem Buch Prediger: „Die Lebenden wissen wenigstens, dass sie einmal sterben müssen. Die Toten wissen überhaupt nichts mehr … Nutze alle Möglichkeiten, die sich dir bieten; denn du bist unterwegs zu einem Ort, von dem keiner wiederkehrt. Wenn du tot bist, ist es zu Ende mit allem Tun und Planen, mit aller Einsicht und Weisheit." (Prediger 9,5.10)

Ich spürte, wie meine Mutter merklich ruhiger wurde, als Vater ihr erklärte, dass die Toten, die an Christus geglaubt haben, „in Christus entschlafen"

(1. Korinther 15,18 LB) sind. Sie schien zu begreifen, dass Großmutter auch nach ihrem Tod immer noch in Gottes Hand ruhte und nicht im Fegefeuer schmachten würde.

Die Art, wie mein Vater ihr mit Gottes Wort Trost zusprach, hat mich damals sehr beeindruckt. Die Worte der Heiligen Schrift erschienen mir so einleuchtend, dass ich mir sagte: Darauf möchte auch ich mein Vertrauen setzen.

Leider suchen heutzutage viele Menschen dort nach Hoffnung, wo es keine gibt. Anstatt der Bibel zu vertrauen, hoffen sie auf einen fragwürdigen Zwischenzustand nach dem Tod. Sie versuchen den Trennungsschmerz dadurch zu verringern, dass sie krampfhaft an dem Gedanken festhalten, die Verstorbenen lebten unsichtbar als körperlose Geister weiter und könnten irgendwann auf geheimnisvolle Weise wieder Verbindung mit ihnen aufnehmen.

Solch trügerischen Hoffnungen setzt die Bibel eine klare Aussage entgegen: Die Toten wissen nichts; sie liegen ohne Bewusstsein in ihren Gräbern und haben keinen Anteil mehr an dem, was auf Erden geschieht.

Vermutlich denkt jetzt mancher: Das mag ja für den sterblichen Körper des Menschen zutreffen, aber doch nicht für seine unsterbliche Seele! Dem möchte ich ein Prophetenwort aus der Heiligen Schrift entgegensetzen: „Die Seele, die sündigt, soll sterben." (Hesekiel 18,4 EB) Was ist hier nun mit Seele gemeint? Wie verwendet die Bibel den Begriff „Seele" generell?

Der Bericht von der Erschaffung des Menschen zeigt, was die Bibel unter „Seele" versteht. „Da bildete Gott, der Herr, den Menschen aus Staub vom Erdboden und hauchte in seine Nase Atem des Lebens; so wurde der Mensch eine lebende Seele." (1. Mose 2,7 EB)

Der Text spricht nicht davon, dass Gott eine Seele in den Menschen *hineinlegte*, sondern das Geschöpf *wurde* zu einer lebendigen Seele, als der Schöpfer ihm seine Lebenskraft einhauchte.

Zum besseren Verständnis möchte ich hier das elektrische Licht als Bild verwenden. Um einen Raum künstlich zu erleuchten, brauchen wir zweierlei: Elektrischen Strom und eine Glühlampe. Die Glühlampe sorgt dafür, dass die unsichtbare Elektrizität an einer bestimmten Stelle zum Leuchten gebracht wird. Licht entsteht also dort, wo beide Komponenten zusammenwirken.

Die symbolische Übertragung könnte also lauten: Der Strom ist vergleichbar mit der unsichtbaren Lebenskraft Gottes. Die Glühlampe gleicht unserem Körper. Wenn sich die göttliche Lebenskraft mit dem menschlichen Körper verbindet, wird der ganze Mensch zu einer lebendigen Seele.

Zwischen Stromquelle und Glühlampe gibt es normalerweise einen Schalter, mit dem man die Stromzufuhr unterbrechen kann. Geschieht das, erlischt das Licht. Auch dieser Vorgang lässt sich übertragen.

Wenn die Verbindung zu der von Gott ausgehenden Lebenskraft unterbrochen wird, stirbt der

Mensch. Es gibt im Menschen nichts Unsterbliches, das ihm ein Weiterleben in anderer Form ermöglichen würde.

In der Heiligen Schrift lesen wir jedenfalls nichts davon, dass die Seele nach dem Tod des Menschen in einem bewussten Zustand als denkendes und fühlendes Wesen weiterlebt. Das wäre so, als würde das Licht der Glühlampe an anderer Stelle weiterleuchten, obwohl die Stromzufuhr längst unterbrochen ist.

Darstellungen, die den Tod verharmlosen oder in einem verklärten Licht erstrahlen lassen, halten einer genauen Prüfung nicht stand. Der Glanz der Ewigkeit, der aus solchen körperlosen Geistern zu leuchten scheint, hat nichts mit der Wirklichkeit zu tun, sondern bietet höchstens einen dankbaren Stoff für unterhaltsame Filme.

Trauernde Menschen können mit billigem Trost oder simpler Effekthascherei nichts anfangen. Angesichts der Katastrophe des Sterbens braucht man festen Grund unter den Füßen, um nicht zu resignieren oder zu verzweifeln.

Diesen Grund liefert nach meiner Überzeugung allein die Bibel. Sie löst das Problem des Todes nicht mit zweifelhaften Vertröstungen, sondern kündigt ein Ereignis an, das dem Sterben ein für allemal ein Ende macht.

In diesem Sinne schrieb der Apostel Paulus: „Ich sage Euch jetzt ein Geheimnis: Wir werden nicht alle sterben. Aber wenn die Posaune den Richter der Welt ankündigt, werden wir alle verwandelt. Das geht so schnell, wie man mit der Wimper zuckt.

Wenn die Posaune ertönt, werden die Verstorbenen zu unvergänglichem Leben erweckt. Wir aber, die wir dann noch am Leben sind, bekommen einen neuen Körper. Unser vergänglicher Körper, der dem Tod verfallen ist, muss in einen unvergänglichen Körper verwandelt werden, über den der Tod keine Macht hat." (1. Korinther 15,51-53)

Paulus erwartet Unsterblichkeit also nicht von einer unsterblichen Seele, sondern aus der Hand des auferstandenen und wiederkommenden Christus. Für ihn ist klar: Die Auferstehung Jesu ist die Gewähr dafür, dass Gott alle, die an ihn glauben, aus dem Tod zurückholen wird. Geschehen wird das in einem Augenblick und für immer, wenn Christus wiederkommt.

Solche Gedanken schossen mir durch den Kopf, als ich die traurige Aufgabe hatte, den nichtsahnenden Eltern die Nachricht vom Tod ihres Kindes zu bringen. Ich erinnerte mich daran, wie mein Vater damals Mutter getröstet hatte und wollte es ähnlich machen.

Ich ging durch den Vorgarten auf das Haus zu. Im Sandkasten neben der Veranda spielten zwei niedliche kleine Kinder. Eins von ihnen hob den Kopf und sagte traurig: „Das Baby ist tot!" Die schreckliche Nachricht war also schon eingetroffen.

Ich betrat das Haus. Die junge Mutter saß in sich zusammengesunken auf einem Stuhl. Ich spürte, dass hier theologische Erörterungen fehl am Platz waren. Deshalb legte ich meinen Arm um sie und sagte: „Ich weiß, dass meine Trauer anders ist als deine, denn ich habe noch nichts Vergleichbares erlebt. Aber da ist einer, der kann euch besser verstehen als ich: Gott! Er hat auch einen Sohn verloren wie ihr. Er hat Christus ins Leben zurückgerufen und wird das eines Tages auch mit eurem Baby tun!"

Als ich den Hoffnungsschimmer in den Augen der Mutter sah, wusste ich, dass die Eltern wieder Boden unter die Füße bekommen würden. Deshalb fügte ich hinzu: „Du weißt, dass es Gutes und Böses auf dieser Welt gibt. Manchmal passiert sogar solch ein Unglück wie dieses. Aber du darfst darauf vertrauen, dass Jesus Christus den Schlüssel zum Grab in seinen Händen hält. Darum bleibt es nicht für immer verschlossen – auch nicht für dein Kind. Christus ist für dich und deinen kleinen Jungen gestorben, um dem Tod die Macht zu nehmen. Deshalb wird auch euer Baby eines Tages wieder leben."

Ich konnte das Unglück nicht ungeschehen machen, aber ich durfte wenigstens dazu beitragen, dass die Eltern den Blick auf etwas richteten, was jenseits des furchtbaren Schicksalsschlags lag.

Dem Leid und dem Tod kann niemand auf die Dauer ausweichen. Um nicht zu verzweifeln, wenn es uns trifft, brauchen wir einen Halt, der auch Belastungen gewachsen ist, denen ein Mensch nicht mehr standhalten kann. Diesen Halt finden wir im Glauben an Christus und sein Wort.

Wenn ein Mensch stirbt, gehen für ihn alle Lichter aus. Das heißt freilich nicht, dass es keine Hoffnung mehr gäbe. Es gibt Hoffnung, nur gründet sie sich nicht auf eine angeblich angeborene Unsterb-

lichkeit, sondern auf die von Gott verheißene Neu-
schöpfung.

Davon sprach Paulus in seinem Brief an die
Christen von Thessalonich: „Wir wollen euch nicht
im unklaren lassen, Brüder, wie es mit denen steht,
die gestorben sind. Dann braucht ihr nicht traurig zu
sein wie die anderen, die keine Hoffnung haben. Wir
glauben, dass Jesus gestorben und auferstanden ist.
Ebenso gewiss wird Gott auch die, die im Vertrauen
auf Jesus gestorben sind, mit Jesus zusammen zu sich
holen." (1. Thessalonicher 4,13.14)

Ist es wirklich wahr, dass Gott uns zu ewigem Leben auferstehen lässt und in seine Welt heimholt?
Niemand kann das beweisen, aber Gottes Wort ver-
heißt es, und Christus hat sich mit seinem Leben dafür verbürgt. Durch seine Menschwerdung hat er
schon einmal Geschichte geschrieben, durch seine
Wiederkunft wird er es noch einmal tun. Er hat Gott
vertraut und wurde aus dem Tod zu ewigem Leben
auferweckt. Wer ihm vertraut, wird Anteil an seinem
Leben haben – und das in Ewigkeit.

Wenn Sie einen lieben Menschen zu Grabe tragen
müssen und ihre Augen voll sind von Tränen, dann
wird Sie der Blick auf den, der die Ketten des Grabes
gesprengt hat, vor der Verzweiflung bewahren.
Wenn es um Trost und Hoffnung geht, wüsste ich
keine bessere Adresse zu nennen.

Auf einem alten Friedhof in England steht ein
bemerkenswerter Grabstein. In den Marmor ist ein
Engel eingemeißelt, der einen Schlüssel in der Hand
hält, der offenbar zu dem Schloß passt, das zu seinen

Füßen liegt. Seine Augen sind nach oben gerichtet, und auf dem Stein steht: „Bis ER kommt!" Der Steinmetz wollte damit zweifellos auf die Wiederkunft Christi hinweisen. Dann öffnen sich die Gräber und die Gläubigen erwachen zu ewigem Leben.

Darauf hoffen auch wir. Und diese Zuversicht wollen wir uns nicht nehmen lassen. Jesus hat mehr zu bieten als nur den Hauch einer Chance auf ewiges Leben. Er ist der Herr der Vergangenheit, der Gegenwart und der Zukunft. Er hat sich dafür verbürgt, dass der Tag kommt, an dem wir unsere Lieben wiedersehen. Daran können wir unsere Hoffnung festmachen.

Für den, der an Christus und sein Kommen glaubt, ist der Tod keine Reise ohne Wiederkehr, sondern ein Warten auf den neuen Morgen. Christus ist selbst in das Dunkel des Sterbens hineingegangen und am anderen Ende des Tunnels als strahlender Sieger herausgekommen. Damit hat er ein unübersehbares Zeichen der Hoffnung gesetzt.

Dunkle Tunnel, helle Lichter

Grace wurde mit hohem Fieber und starken Schmerzen ins Krankenhaus eingeliefert. Sie hörte gerade noch, wie jemand schrie: „Ich kann keinen Puls mehr feststellen!" Dann verlor sie das Bewusstsein.

Im nächsten Augenblick kam es ihr vor, als würde sie aus ihrem Körper herausgleiten. Alle Schmerzen waren wie weggeblasen. Sie schien unterhalb der Decke zu schweben und schaute von dort auf die Ärzte und Schwestern herab, die sich verzweifelt darum bemühten, ihr Leben zu retten. Kurze Zeit später glitt sie auf ein wolkenähnliches Gebilde zu, das teilweise durchsichtig war und sich zu einem Tunnel verformte.

Grace beschrieb diese Erfahrung später so:

„Da war plötzlich dieses unfassbar schöne Gefühl, als ich in ein strahlendes Licht eintauchte. In diesem Licht war etwas, was sich am ehesten mit dem Begriff Weisheit beschreiben lässt. Ich spürte, dass diese Weisheit mich liebte und alles über mich wusste. Alles, was ich je gedacht oder getan hatte, war mir in diesem Augenblick gegenwärtig. Ich fühlte mich unendlich wohl und wollte weitergehen und für immer in diesem Licht bleiben. Doch dann wurde mir gezeigt, dass ich zurück müsste, weil meine beiden Kinder mich noch brauchten."

In diesem Augenblick spürte Grace, wie sie in ihren Körper zurückkehrte. Auch die unerträglichen Schmerzen stellten sich wieder ein. Sie war wütend, dass man sie aus dieser Welt des Friedens herausgerissen und ins Leben zurückgerufen hatte.

Die Erfahrung von Grace und einige andere Sterbeerlebnisse wurden von Verlyn Klinkenborg in einem Artikel veröffentlicht, der kürzlich im amerikanischen Magazin „Life" abgedruckt war.

Solche Erfahrungen zwischen Leben und Tod stoßen heutzutage bei vielen Menschen auf Interesse. Eines der ersten Bücher zu diesem Thema ist der Titel „Leben nach dem Leben". Mit sieben Millionen verkauften Exemplaren war das Taschenbuch ein Renner auf dem Büchermarkt. Darüber hinaus kann es als Vorreiter für eine völlig neue Literaturgattung angesehen werden.

Noch vor wenigen Jahren interessierte sich kaum jemand für den Grenzbereich zwischen Leben und Tod. Heute forschen Hunderte von Physikern, Psychologen, Biologen und Anthropologen auf diesem Gebiet. Sie haben inzwischen eine internationale Gesellschaft zur Untersuchung dieses Grenzzustands gegründet und geben eine eigene Zeitschrift heraus.

Natürlich fragt man sich:

Wie sind solche todesnahen Erlebnisse zu bewerten? Was geschieht da mit Menschen, die im Augenblick des klinischen Todes zu solch unglaublichen Reisen aufbrechen? Leiden sie lediglich unter Halluzinationen oder machen sie sich wirklich auf den Weg zum Himmel und zu Gott? Stecken möglicherweise okkulte oder dämonische Mächte hinter solchen Sterbephänomenen?

Ich bin auf diesem Gebiet kein Fachmann, kann also nicht wissenschaftlich erklären, was im Augenblick des Todes mit dem Menschen geschieht. Dennoch meine ich, ein paar allgemeine Aussagen zur Bewertung solcher Erscheinungen machen zu können.

Zunächst müssen wir festhalten, dass keiner von denen, die später über todesnahe Erlebnisse berichtet haben, wirklich tot war. Sie befanden sich zwar im Grenzbereich zwischen Leben und Tod, aber sie waren nicht tot. Bisher ist übrigens selbst unter Medizinern nicht eindeutig geklärt, wann ein Mensch tot ist.

Zur Zeit gilt die Regel, dass der unwiderrufliche Zerfall der Gehirnzellen das Ende des Lebens markiert. Man spricht dann vom Hirntod, wobei auch der bisher nicht zweifelsfrei definiert werden konnte. Wenn also der Kreislauf zusammenbricht, die Atmung aufhört und das Herz stillsteht, heißt das offenbar noch nicht, dass der Mensch tot ist.

Zum anderen fällt auf, dass die meisten todesnahen Erlebnisse starke Ähnlichkeit mit Halluzinationen haben.

Unser Gehirn verfügt über die Fähigkeit, unter bestimmten Voraussetzungen Gefühle und Bilder zu produzieren, die nichts mit der objektiven Wirklichkeit zu tun haben, sondern lediglich innere Wahrnehmungen sind. Es ist also durchaus denkbar, dass sich in einer Grenzsituation wie dem Sterben, das meist mit starken körperlichen oder seelischen Belastungen einhergeht, völlig unwirkliche Dinge im Gehirn abspielen.

Auch aus biblischer Sicht gibt es gewichtige Gründe, am Realitätsgehalt solcher Sterbeerlebnisse zu zweifeln. Die Heilige Schrift stützt nämlich nicht die Annahme, dass der Mensch eine unsterbliche Seele besitzt, die im Augenblick des Todes den Körper verlässt und im Jenseits weiterlebt.

Obwohl die Bibel etwa 1600mal den Begriff „Seele" verwendet, geschieht das niemals in dem Sinn, als besäße der Mensch eine „unsterbliche Seele". Sie lehrt vielmehr, dass dem Menschen erst bei Christi Wiederkunft Unsterblichkeit verliehen wird.

Paulus beschreibt dieses Ereignis so: „Wenn Gottes Befehl ergeht, der oberste Engel ruft und die Posaune ertönt, wird der Herr selbst vom Himmel kommen. Zuerst werden dann alle, die im Vertrauen auf ihn gestorben sind, aus dem Grab auferstehen." (1. Thessalonicher 4,16) Und im ersten Korintherbrief heißt es, dass „unser vergänglicher Körper, der dem Tod verfallen ist, in einen unvergänglichen Körper verwandelt werden muss" (15,53).

An über 53 Stellen spricht die Bibel vom Tod als einem Schlaf, aus dem uns Gott am Ende der Zeit auferwecken wird. Das widerspricht der Vorstellung, die durch den Tod körperlos gewordene Seele schwebe geradewegs in den Himmel, um dort in einer strahlenden Lichtwelt weiterzuleben.

Ich frage mich natürlich, wer Interesse an einer Version des Todes haben könnte, die in völligem Gegensatz zur Lehre der Bibel steht? Wer versucht den Menschen vorzugaukeln, jedermann werde nach dem Tod mit unaussprechlicher, ewiger Freude belohnt, unabhängig davon, wie er auf dieser Erde gelebt hat?

Die Vorstellung, Gewaltherrscher, Massenmörder, Kinderschänder, Pornokönige oder Mafiabosse könnten nach ihrem Tod – ohne sich je bekehrt zu haben, allein ihrer „unsterblichen Seele" wegen – geradewegs in Gottes Lichtwelt entschweben, bereitet mir große Schwierigkeiten. Abgesehen von den unbiblischen Aspekten, verträgt sich diese Sicht der Dinge überhaupt nicht mit meiner Vorstellung von Gerechtigkeit.

Wäre es nicht möglich, dass Satan, der Feind Gottes, die Grenzsituation des Sterbens dazu missbraucht, todesnahe Erlebnisse vorzutäuschen, um die Menschen glauben zu machen, es komme nicht darauf an, welches Leben sie geführt haben? Etwa nach dem Motto des alten Karnevalsliedes: „Wir kommen alle, alle, alle in den Himmel …" Schließlich geht es bei den Sterbeerlebnissen ja nicht nur um diejenigen, die sie gemacht haben, sondern um die Wirkung, die davon auf andere ausgeht.

Das sprunghaft gewachsene Interesse an dieser Art Literatur zeigt, wie fasziniert die Massen von dieser Beschreibung des Todes sind. Mit der in der Heiligen Schrift dargestellten Wirklichkeit hat das freilich nichts zu tun. Gottes Wort sagt unmissverständlich, dass dem „Menschen bestimmt ist, einmal zu sterben, danach aber das Gericht." (Hebräer 9,27 LB)

Mir erscheint der Gedanke, dass okkulte Mächte bei solchen Grenzerfahrungen ihre Hände im Spiel haben könnten, durchaus nicht zu weit hergeholt. Es muss doch nachdenklich stimmen, dass in den Berichten so gut wie nie von Bekehrung, Vergebung oder einem Erlöser die Rede ist. Merkwürdigerweise auch nicht von „Höllenvisionen"! Die Bibel lehrt aber, dass es ohne Jesus Christus weder Erlösung noch ewiges Leben gibt.

Abgesehen von solchen Erwägungen ergeben meiner Meinung nach Sterbeerlebnisse an sich keinen Sinn.

Bleiben wir beim Beispiel von Grace. Was ist das für ein Gott, der die „Seele" einer Frau bis zur Schwelle der Glückseligkeit im ewigen Licht vordringen lässt, um sie dann in ihren schmerzgepeinigten Körper zurückzuschicken? Hatte er die Todesstunde falsch festgesetzt oder nicht daran gedacht, dass die Kinder ihre Mutter noch brauchten?

Ich kenne nur einen, der daran interessiert ist, den Menschen solch ein Gottesbild unterzuschieben: Satan!

Lassen Sie mich an dieser Stelle noch einmal betonen: Die Bibel kennt keine unsterbliche Seele und demzufolge auch keine Seelenwanderung. Sterbeerlebnisse ähneln verschwommenen Träumen und sind möglicherweise von unbewussten Erwartungen eingefärbt.

Die Bibel dagegen äußert sich klar und deutlich darüber, was wirklich nach dem Tod zu erwarten ist. Sie ist mehr als ein Guckloch ins Jenseits, denn sie beschreibt nicht nur ein paar schöne Ausschnitte, sondern die ganze Breite dessen, was im Tod und danach auf den Menschen wartet. Und da stimmen menschliche Grenzerfahrungen und die Schilderungen der Bibel gerade an den entscheidenden Stellen nicht miteinander überein.

Um den Gegensatz zwischen biblischer Hoffnung und menschlicher Vorstellung ganz deutlich zu machen, möchte ich das typische Muster der Sterbeerlebnisse aufzeigen. Fast immer wird berichtet, man habe seinen Körper verlassen, als schwereloser Geist über dem Geschehen geschwebt und dabei den reglosen Leib unten liegen sehen.

Ich weiß nicht, wie Sie über eine Existenz als körperloser Geist denken, mir erscheint das nicht besonders reizvoll. Aufgrund biblischer Aussagen erwarte ich aus Gottes Hand mehr; jedenfalls kein Dasein als eine Art „Verstand in der Luft" – um es einmal überspitzt auszudrücken. Ich würde mich um das betrogen fühlen, was Gott tatsächlich für die Erlösten vorgesehen hat.

Mir fiel auch auf, dass die Sterbeerlebnisse meist nur vage und unscharf beschrieben werden. Es ist von wohltuendem Licht oder strahlender Helle die Rede, vom Schweben der Seele und von einer Weisheit, die verschwommene Züge einer Person trägt.

Die Bibel vermittelt ein wesentlich klareres Bild von der Zukunft des Menschen. Sie spricht davon, dass die Auferstandenen eine der Welt Gottes angepasste Körperlichkeit haben werden. Sie werden in einer realen Welt leben und tätig sein. Wer mehr darüber erfahren möchte, sollte 1. Korinther 15 lesen. Dort vergleicht Paulus Tod und Auferstehung mit Saat und Ernte. Der in die Erde gelegte Same wächst seiner Art gemäß zur Frucht heran. Und diese Frucht hat eine arttypische Gestalt.

Dann überträgt er das Bild und spricht von irdischen und himmlischen Körpern, um dann fortzufahren: „So könnt ihr euch auch ein Bild von der Auferstehung der Toten machen. Was in die Erde gelegt wird, ist vergänglich; aber was zu neuem Leben erweckt wird, ist unvergänglich. Was in die Erde gelegt wird, ist schwach und hässlich; aber was zu neuem Leben erweckt wird, ist stark und schön. Was in die Erde gelegt wird, war von natürlichem Leben beseelt; aber was zu neuem Leben erwacht, wird ganz vom Geist Gottes beseelt sein." (1. Korinther 15,42-44)

Im Zusammenhang mit der Auferstehung Jesu schrieb Paulus: „Er wird unseren schwachen, vergänglichen Körper verwandeln, dass er genauso herrlich wird wie der Körper, den er selbst seit seiner Auferstehung hat." (Philipper 3,21)

Hier wird ausdrücklich Jesu Körperlichkeit erwähnt. Gewiss, es war nicht derselbe Leib, den er vor der Auferstehung hatte, aber Jesus schwebte auch nicht als körperloser Geist umher. Er sprach und aß mit seinen Jüngern und sie erkannten ihn. Auch das Leben der auferstandenen Gläubigen in Gottes Welt wird durchweg mit konkret fassbaren Gegebenheiten verbunden, nie dagegen mit der Vorstellung, es handle sich dabei um körperlose Geistwesen.

Aber zurück zu den typischen Merkmalen der Sterbeerlebnisse.

Viele Menschen berichten, dass sie durch einen langen, dunklen oder nebligen Tunnel gehen mussten. Auf diesem Weg hatten sie kein Gefühl für Raum und Zeit. Eine Frau berichtet: „Ich war von einem dichten, warmen, grauen Nebel umgeben. Darin sah ich einzelne Tröpfchen, die durchdringend hell leuchteten. Andere strahlten unergründliche Dunkelheit aus."

Ich kann nicht erklären, was es mit diesen Tröpfchen auf sich hat – die Frau konnte es übrigens auch nicht –, aber ich weiß, dass die Bibel sich in bezug auf das, was die Menschen in der Zukunft erwartet, wesentlich klarer ausdrückt.

In der Offenbarung heißt es: „Ich sah, wie die Heilige Stadt, das neue Jerusalem, von Gott aus dem Himmel herabkam. Sie war festlich geschmückt wie eine Braut, die auf ihren Bräutigam wartet." (Offenbarung 21,2) Johannes sah mehr als einen dunklen Tunnel oder ein schimmerndes Licht; er sah eine Stadt, in der die Erlösten leben dürfen.

Mir bedeutet diese Aussicht mehr als eine fragwürdige Reise durch den Nebel. Mir gefällt auch, dass Jesus seinen Jüngern versprochen hat: „Im Haus meines Vaters gibt es viele Wohnungen, und ich gehe jetzt, um dort einen Platz für euch bereitzumachen." (Johannes 14,2)

Hier geht es nicht um irgendwelche diffusen Vorstellungen, sondern offensichtlich um ein ganz reales Geschehen. Damit kann ich etwas anfangen.

Das dritte Merkmal der Sterbeerlebnisse ist das Licht. Während die Menschen durch den dunstigen Tunnel schwebten, sahen sie vor sich ein helles Licht. Eine Frau berichtet: „Plötzlich spürte ich eine Explosion unter mir. Wo ich auch hinsah, strahlte dieses Licht heller als die Sonne. Die Helligkeit füllte alles aus, und ich war mittendrin."

Ich will nicht sagen, dass diese Erfahrung für die Betroffenen bedeutungslos ist. Das Licht könnte beispielsweise die alles einhüllende Liebe Gottes symbolisieren. Dennoch glaube ich, dass die Bibel in bezug auf das Leben nach dem Tod ein Angebot macht, das weit darüber hinausgeht.

Wir werden nicht nur ein herrliches Licht sehen, sondern Gott und Jesus Christus von Angesicht zu Angesicht schauen dürfen. So jedenfalls steht es in der Offenbarung geschrieben: „Sie werden ihn sehen." (Offenbarung 22,4) Und der Apostel Paulus ergänzt: „Jetzt sehen wir nur ein unklares Bild wie in einem trüben Spiegel; dann aber stehen wir Gott gegenüber." (1. Korinther 13,12)

Grenzerfahrungen zwischen Leben und Tod vermitteln kein zuverlässiges Bild über die Zukunft des Menschen. Die Bibel beschreibt das Ziel und nicht die Reise, wie es durchweg in den Sterbeerlebnissen geschieht. Mir ist die Botschaft der Heiligen Schrift wichtiger als zweifelhafte Erlebnisse Sterbender. Gewiss, in beiden Fällen wird Hoffnung geweckt, aber es sind ganz unterschiedliche Hoffnungen.

Das wurde mir erst kürzlich wieder bewusst, als ich in Russland Vorträge über die Botschaft der Bibel hielt. Eines Tages traf ich Tanja im Moskauer Olympiastadion. Vor vielen Jahren waren ihre Eltern nach China ausgewandert und dort im Teegeschäft zu Wohlstand gekommen. Dennoch fühlten sie sich im Ausland nicht wohl. Deshalb kehrten sie in die damalige Sowjetunion zurück und bauten sich in Kasachstan mit Hilfe des Teehandels eine neue Existenz auf.

Gerade als ihr Geschäft florierte, begannen Stalins Aktionen gegen die intellektuelle Elite und gegen die Reichen des Landes. Tanja war 17 Jahre alt, als ihr Vater von der Geheimpolizei verschleppt und kurze Zeit später erschossen wurde.

Im Zweiten Weltkrieg verlor sie auch noch ihren Bruder, ihre Schwester und sogar ihren Mann. Innerhalb weniger Jahre hatte sie alle Menschen verloren, an denen ihr Herz hing.

Nun musste Tanja allein zurechtkommen. Sie besuchte eine Schule für Englisch in Moskau und lernte diese Sprache fließend zu sprechen. Am Ende des Zweiten Weltkrieges suchte das russische Militär Übersetzer. Tanja bewarb sich und arbeitete für einen amerikanischen General.

Sie war in einem jüdisch-orthodoxen Elternhaus aufgewachsen, interessierte sich aber kaum für Religion. Durch ihren Beruf bekam sie Kontakt zu höheren diplomatischen Kreisen.

Es ging ihr wirtschaftlich gut. Trotzdem wurde sie das Gefühl nicht los, dass ihr irgendetwas fehlte. Sie wurde nicht mit dem Leid fertig, das ihrer Familie widerfahren war.

Eines Tages drückte ihr auf der Straße jemand ein Faltblatt in die Hand, mit dem für eine Evangelisation geworben wurde.

Sie besuchte die Veranstaltungen und erkannte, dass Jesus Christus auch ihr Retter war. Das gab ihr Frieden und einen neuen Lebenssinn. Sie wurde ein fröhlicher Christ. Aber nach und nach spürte sie, dass ihr immer noch etwas fehlte. Es gab nach wie vor Dinge, die nicht zusammenpassten.

Dann wurde ihr vor dem Olympiastadion in Moskau wieder ein kleines Heft in die Hand gedrückt. Auf dem stand in großen Buchstaben: „Der biblische Weg zu neuem Leben."

Abend für Abend besuchte sie meine Evangelisation im Moskauer Olympiastadion. Nachdem ich in einem Vortrag über die Wiederkunft Jesu gesprochen hatte, bat Tanja mich um eine Unterredung. Sie war sichtlich bewegt und zeigte mir Fotos von ihrer Familie.

Dabei erzählte sie mir die ganze traurige Geschichte. Sie sagte aber auch, dass die Botschaft vom wiederkommenden Christus und von der Auferstehung der Toten ihr nun den Schmerz und die Trauer genommen habe. Mit leuchtenden Augen sagte sie: „Ich freue mich darauf, meine Lieben einst wiederzusehen!"

Tanja freute sich nicht auf eine Grenzerfahrung zwischen Leben und Tod, nicht auf eine Reise durch einen finsteren Tunnel oder auf das Schimmern eines strahlenden Lichts. Sie freute sich auf das Wiedersehen mit lebendigen Menschen an einem realen

Ort. Sie hofft auf den Tag, an dem Jesus Christus auf diese Erde zurückkehrt, um die Seinen an den Ort zu bringen, den er für sie vorbereitet hat. Diese Zusage der Heiligen Schrift bewegte Tanja so sehr, dass sie Jesus ihr Leben anvertraute. Kurze Zeit später wurde sie mit 700 anderen Besuchern dieser Evangelisation getauft.

Wünschen Sie sich auch solch eine Gewissheit, wie sie diese russische Frau gefunden hat? Möchten auch Sie sich auf die Begegnung mit Jesus Christus freuen?

Gott möchte Ihnen Klarheit schenken über das, was die Gläubigen auf der anderen Seite des Grabes erwartet. Sie müssen sich nicht auf eigene Träume oder die Erfahrungen anderer verlassen, sondern können auf das zurückgreifen, was Gott in seinem Wort offenbart hat.

Hölle ohne Ende?

Anfang November 1993 raste ein Feuersturm über den Süden Kaliforniens hinweg. Er zerstörte mehr als tausend Häuser und ließ große Flächen verbrannter Erde zurück.

Die Einwohner von Los Angeles hingen förmlich an ihren Fernsehgeräten. In welche Richtung würde sich das Feuer ausbreiten? Wen würde es als nächsten treffen? Manche retteten nur das nackte Leben, als 318 Häuser von Laguna Beach in einer riesigen Feuerwand verschwanden. Überall in den USA verfolgten unzählige Menschen diese Tragödie im Fernsehen. Sie hofften, manche beteten sogar darum, dass die Brände bald gelöscht werden könnten.

Wenn es allerdings um das Drama des „höllischen Feuers" geht, haben viele Christen merkwürdigerweise ganz andere Vorstellungen. Sie reden von nie verlöschenden Flammen, in denen die Sünder dann ewig gequält werden – kurz: eine Tragödie ohne Ende.

Jahrzehntelang war es selbst unter konservativen Christen recht still um die Hölle. Mittelalterliche Horrorvisionen schienen nicht mehr in die Landschaft einer aufgeklärten Welt zu passen. Seit einigen Jahren scheint das Höllenfeuer wieder zum Gesprächsstoff zu werden. Ich kenne christliche Gruppierungen, die aus der Bibel zu beweisen versuchen, dass die Hölle ein realer Ort ist und ihr Feuer bis in alle Ewigkeit brennen wird.

Der unlängst erschienene Science-Fiction-Roman „Gehenna" erregte in den USA ziemliches Aufsehen. Er beschreibt die Reise eines Mannes in die verschiedenen Abteilungen der Hölle. Unter anderem beschreibt Paul Thigpen darin einen dämonischen Richter, dessen Sessel einem elektrischen Stuhl gleicht. Wenn die Angeklagten vor ihn treten und ihrer Sünden überführt sind, stürzt er sie laut lachend in einen brennenden Abgrund.

In einem Kapitel des Romans wird der „See der Unschuldigen" beschrieben, in dem unzählige im Mutterleib getötete Babys schwimmen. Jedes von ihnen weist mit seinen winzigen Händchen zum Boden des Gewässers. Dort kauern dicht gedrängt die Personen, die für die Abtreibung verantwortlich gewesen sind.

Ich halte nichts von solch gruseligen Szenarien. Entweder machen sie das zukünftige Gericht Gottes lächerlich oder sie stürzen die Menschen in Angst. Beides entspricht nicht dem, was die Bibel sagen will, wenn sie davon spricht, dass sich jeder Mensch eines Tages vor dem Richterstuhl Gottes verantworten muss.

Ein protestantischer Geistlicher hat sich hinsichtlich der kirchlichen (nicht der biblischen!) Höllenlehre einmal so geäußert: „Wie entmutigend wäre es für Sie, nach Millionen und Abermillionen von Jahren zu erkennen, dass Ihre Höllenqualen nie zu Ende gehen und dass Sie niemals, wirklich niemals aus diesem unerträglichen Zustand erlöst werden!"

Ich kann dem nur zustimmen. Das wäre tatsächlich eine entsetzliche Aussicht! Wenn es wirklich so wäre, wie manche Christen es darstellen, könnte man eigentlich keine ruhige Minute mehr haben – es sei denn, man verdrängt solche Gedanken. Eine immerwährend brennende Hölle übersteigt nicht nur unser Vorstellungsvermögen, sondern ist unbeschreiblich grausam und deshalb im Zusammenhang mit Gottes Handeln absurd.

Warum sollte Gott einen Menschen, der vielleicht 70 Jahre lang gesündigt hat, zu ewiger Höllenqual verurteilen? Da stünde doch die Strafe in keinem Verhältnis mehr zum Vergehen. Nicht einmal das irdische Strafrecht – und das ist in manchen Ländern nun wirklich nicht zimperlich – gibt einem Richter eine Handhabe, Verbrecher zu lebenslanger Folter zu verurteilen.

Die Verfechter ewiger Höllenqualen geben allerdings nicht so schnell auf. Manche argumentieren, Gottes *ewige* Heiligkeit und Gerechtigkeit lasse keine andere Strafe als die des *ewigen* Feuers zu. So stünde es schließlich in der Bibel. Ich halte solche Wortspiele nicht nur für unsinnig, sondern auch für gefährlich, weil sie den Menschen ein völlig falsches Gottesbild aufdrängen. Gottes ewige Gerechtigkeit erfordert ebensowenig eine ewige Strafe, wie grünes Gras grüne Kühe verlangt.

Andere verteidigen ihren „Glauben" an die ewigen Qualen der Sünder damit, dass die Verdammten

Gott sogar noch in der Hölle schmähen. Da sie also weiter sündigten, müsse auch die Strafe weiterbestehen.

Diese Theorie erscheint mir ebenfalls weit hergeholt und wenig tröstlich. Sie erinnert mich an Eltern, die ihr Kind unaufhörlich prügeln, weil es einfach nicht aufhören will zu schreien. Nur dass dieser Teufelskreis des „Prügelns" bei Gott angeblich niemals aufhört!

Worauf gründen sich solche grausamen Vorstellungen von dem, was den Sünder nach dem Tod und im Gericht Gottes erwartet? Die Verfechter dieser Ideen sagen natürlich: Auf die Bibel! Aber ich bezweifle, dass die Aussagen der Heiligen Schrift über den Tod und die „Hölle" wirklich so zu verstehen sind.

Ich sage das als einer, der Gottes Wort ernst nimmt und als letzte Autorität anerkennt. Ich bestreite nicht, dass die Heilige Schrift von Gericht und Feuer spricht und auch meint, was sie sagt. Ich glaube aber nicht, dass sich das alles ohne ein zeitliches Ende vollzieht. Vielmehr bin ich davon überzeugt: Wenn man die Bibel wirklich wörtlich nimmt, kann man nicht an ewige Höllenqualen glauben. Lassen Sie mich das an einigen Bibeltexten beispielhaft veranschaulichen.

Ich beginne mit dem Jesuswort: „Und fürchtet euch nicht vor denen, die den Leib töten, doch die Seele nicht töten können; fürchtet euch aber vielmehr vor dem, der Leib und Seele verderben kann in der Hölle." (Matthäus 10,28 LB)

Jesus sagt hier, dass Leib *und* Seele zerstört werden. Es ergibt also keinen Sinn, anzunehmen, dass der Körper des Sünders im Feuer verbrennt, die Seele aber in Ewigkeit leiden muss. Jesus sagt deutlich, dass der ganze Mensch – der stoffliche Anteil (Leib) und der von Gott geschenkte Lebensodem (Seele) – im Feuer des Gerichts ausgelöscht wird.

In der Bergpredigt spricht Jesus bildhaft von einer schmalen Tür, die zum Leben führt, und von dem breiten Tor, durch das man geradewegs ins Verderben läuft. Im griechischen Text (Matthäus 7,13) steht hier ein Ausdruck, der dem Wortstamm nach bedeutet: verderben, vernichten, verlieren.

Sprachwissenschaftler bestätigen, dass dieses griechische Wort der stärkste Ausdruck für den endgültigen Verlust der Existenz ist. Selbst Jesus – und er müsste es ja wissen – redet im Blick auf das Geschick der Verlorenen also nicht von ewigen Höllenqualen, sondern von der endgültigen Vernichtung.

In Johannes 3,16 heißt es: „Gott liebt die Menschen so sehr, dass er seinen einzigen Sohn hergab. Nun wird jeder, der sein Vertrauen auf den Sohn Gottes setzt, nicht zugrunde gehen, sondern ewig leben." Auch hier wird dem ewigen Leben nicht die ewige Höllenqual gegenübergestellt, sondern die endgültige Vernichtung.

Für den, der diese Texte wörtlich nimmt, gibt es nur eine mögliche Schlussfolgerung: Der Begriff „Hölle" ist die Umschreibung für das letzte Gericht Gottes, in dem alle Gottlosen verbrennen und damit endgültig vernichtet werden. In diesem Sinne äußerte sich übrigens auch der Apostel Petrus: „Ebenso ist es mit der jetzigen Welt: sie besteht nur so lange, wie Gott es bestimmt hat. Wenn der Tag des Gerichts da ist, wird sie durch Feuer untergehen, und mit ihr alle, die Gott nicht gehorcht haben." (2. Petrus 3,7)

Ich kann nur dazu raten, biblische Texte so zu lesen, wie sie dastehen, und nicht von vornherein bestimmte Deutungen hineinzulegen.

Manchmal erinnert mich der Umgang mancher Christen mit der Bibel daran, wie unterschiedlich Kraftfahrer ein Stoppschild interpretieren. Eigentlich heißt die Botschaft dieses Schildes: Anhalten! Aber beobachten Sie ruhig einmal eine Weile, wie die Verkehrsteilnehmer sich wirklich verhalten.

Manchen scheint das Schild nur zu signalisieren: Abbremsen! Andere verstehen es als Aufforderung: Nach links und rechts schauen und dann wieder Gas geben! Wieder andere sagen sich: Nach Polizisten Ausschau halten, dann weiterfahren!" Erst wenn sie erwischt worden sind und ein saftiges Bußgeld zahlen mussten oder gar ein Verfahren am Hals haben, begreifen viele, dass „STOP" tatsächlich „Anhalten" heißt – und nichts anderes.

Mit dem Wort Gottes ist es ähnlich. Natürlich könnte jemand sagen, dass die biblischen Aussagen über den Tod der Gottlosen unglaubwürdig sind. Man kann auch behaupten, dass Tod nicht wirklich Tod meint oder Verderben nicht Vernichtung bedeutet. Wer will, kann auch in manche Texte die „ewige Qual" hineinlesen. Aber all das funktioniert nicht, wenn man die Bibel wörtlich nimmt und glaubt, dass sie genau das meint, was sie sagt. Wer biblische Texte beim Wort nimmt, wird bald merken, dass der „Hölle" ein Schlusspunkt gesetzt ist. Sie endet mit dem Tod der gottlosen Menschen.

Vielleicht sind sie immer noch skeptisch und sagen: Es gibt aber doch Bibeltexte, die buchstäblich von ewigem Leiden in der Hölle sprechen?

Eine der oft zitierten Belegstellen für diese Ansicht ist Markus 9,42-48. Sinngemäß heißt es dort: Wenn dich deine Hand oder dein Fuß oder dein Auge zur Sünde verführt, wäre es besser, sie abzuhauen oder auszureißen, als in die Hölle geworfen zu werden. Dreimal warnt Jesus vor diesem Schicksal und bekräftigt das jeweils mit der Wendung „wo ihr Wurm nicht stirbt und das Feuer nicht verlöscht" (Verse 47.48 LB).

Viele meinen, dass hier die ewigen Qualen der Hölle beschrieben werden. Aber was bedeutet dieser Text tatsächlich? Wussten Sie schon, dass Jesus hier Bezug nimmt auf eine Stelle aus dem Buch des Propheten Jesaja? „Und sie werden hinausgehen und schauen die Leichname derer, die von mir abtrünnig waren; denn ihr Wurm wird nicht sterben, und ihr Feuer wird nicht verlöschen." (Jesaja 66,24 LB)

Hier geht es nicht um Verdammte, die in der Hölle schmoren, sondern um Leichen, die auf dem Schlachtfeld liegen und verwesen. Sie erleiden keine Höllenqualen, sondern werden von Würmern gefressen oder verbrannt. Offensichtlich wird hier bildhaft zum Ausdruck gebracht, dass der „Wurm" nicht stirbt und das „Feuer" nicht verlischt, bis das Werk

der Zerstörung abgeschlossen ist. Dieses Prophetenwort deckt sich mit anderen Aussagen der Heiligen
Schrift, die deutlich machen wollen, dass die Un-
gläubigen am Ende dieser Welt zugrunde gehen und
ausgelöscht werden.

Dennoch ist der „Glaube" an die ewigen Höllenqualen in manchen christlichen Kreisen ungebro-
chen. Anscheinend fällt es vielen Christen schwer,
von traditionellen Vorstellungen Abschied zu nehmen – selbst von so makabren wie dem Höllenfeuer.

Es ist noch nicht lange her, da war ein Bericht in
Umlauf, russische Wissenschaftler hätten bei Tiefboh-
rungen in Sibirien ein merkwürdiges Phänomen ent-
deckt. In fünfzehn Kilometern Tiefe seien sie angeblich auf eine Stelle gestoßen, an der die Messgeräte
eine Temperatur von mehreren hundert Grad Hitze
angezeigt hätten. Daraufhin habe man Mikrofone
hinabgelassen und in der Tiefe Menschen schreien
hören – vermutlich verdammte Seelen, die in der
Hölle litten.

Ich kenne Christen, die immer noch beteuern,
dass eine wissenschaftliche Zeitschrift in Finnland
diese Entdeckung bestätigt habe. In Wirklichkeit hat
es solch einen Artikel nachweislich nie gegeben. Die
ganze Sache war nur ein Gerücht. Aber es verbreitete
sich in bestimmten Kreisen wie ein Lauffeuer und
wurde geglaubt, als wäre es das Evangelium.

Ich kann mich des Eindrucks nicht erwehren: Da
glaubten Menschen, was sie glauben wollten!

Vielleicht wendet jetzt jemand ein: Moment mal,
hat nicht Jesus selbst vom „Heulen und Zähneknir-

schen" und von „ewiger Strafe" gesprochen? Ja, das stimmt.

Im Zusammenhang mit dem Glauben eines römischen Offiziers und dem Unglauben seiner eigenen Landsleute, sagte Jesus: „Viele werden kommen von Osten und von Westen und mit Abraham, Isaak und Jakob im Himmelreich zu Tisch sitzen; aber die Kinder des Reichs werden hinausgestoßen in die Finsternis; da wird sein Heulen und Zähneklappen." (Matthäus 8,11.12 LB)

Was heißt das? Wenn Christus wiederkommt, um sein Reich aufzurichten, werden alle, die ihn zurückgewiesen haben, erkennen, dass sie das ewige Leben verspielt haben. Diese Erkenntnis wird unbeschreibliche seelische Qual auslösen. Aber damit ist doch nicht gesagt, dass dieses Heulen und Zähneknirschen für immer andauern wird.

Jesus hat auch gelegentlich von „ewiger Strafe" oder „ewiger Verdammung" gesprochen. Doch selbst das ist kein Beleg für eine unaufhörliche Qual der Verlorenen.

Ein zum Tode Verurteilter weiß, dass er nach der Vollstreckung des Urteils nicht wieder ins Leben zurückkehren wird. Wenn jemand von Gott zum ewigen Tod verurteilt wird, bedeutet das nichts anderes. Ist das etwa keine „ewige Strafe"? Doch eine Strafe, die für alle Zeit gültig ist, hat nichts mit unaufhörlicher Qual zu tun.

Im Übrigen gibt es Texte in der Bibel, die die Auswirkungen des „höllischen Feuers" deutlich definieren. „Auch die Städte Sodom und Gomorra hat Gott verurteilt und sie in Schutt und Asche versinken lassen. Er hat an diesem Beispiel gezeigt, wie es allen Sündern ergehen wird." (2. Petrus 2,6)

Petrus vergleicht hier das Schicksal von Sodom und Gomorra mit dem Geschick der Gottlosen am Ende der Zeit. Aber diese antiken Städte stehen doch heute nicht mehr in Flammen, und die Bewohner leiden keine Qualen, sondern sind seit Jahrtausenden tot.

Bevor wir den Komplex „ewiges Höllenfeuer" abschließen, müssen wir noch auf zwei Textabschnitte in der Offenbarung eingehen. Sie scheinen nämlich die stärksten Hinweise für ewige Qualen zu sein.

In Offenbarung 14 heißt es, dass alle, die das „Tier" verehren, mit Feuer und Schwefel gequält werden: „Der Rauch von diesem quälenden Feuer steigt für alle Zeiten zum Himmel." (Vers 11) In Offenbarung 19 ist davon die Rede, dass das Tier, der falsche Prophet und der Teufel für immer und ewig in dem brennenden See gequält werden.

Diese beiden Schriftstellen scheinen zunächst wirklich auf einen Ort immerwährender Qual hinzuweisen. Allerdings gilt es zu bedenken, dass die Offenbarung sich durchweg einer bildhaften Sprache bedient. Sie ist kein Tatsachenbericht, sondern prophetisches Wort, das im Blick auf das Weltende geschrieben wurde und viele Bilder und Symbole verwendet.

Die Offenbarung beschreibt beispielsweise, wie ein Lamm eine Schriftrolle öffnet, wie Scharen von Heuschrecken aus dem Abgrund hervorkommen, wie ein Drache gegen eine schwangere Frau kämpft und wie dem Meer unheimliche Tiere entsteigen. Kein Bibelausleger würde solche Bilder wörtlich interpretieren; sie stehen vielmehr symbolisch für Ereignisse oder Entwicklungen.

Der Drache und das Tier, die in den brennenden See geworfen wurden, sind solche symbolischen Gestalten. Und der Rauch des ewig brennenden Feuers ist offensichtlich auch nur ein Bild für ein zu erwartendes konkretes Ereignis. Im Prinzip weist die bildhafte Sprache wieder nur auf die Endgültigkeit des letzten Gerichts hin.

Wie fragwürdig es ist, bildhafte Sprache wörtlich zu nehmen, lässt sich an einem Prophetenwort Jesajas erkennen. In Jesaja 34,9.10 wird Gottes Strafgericht über Edom folgendermaßen angekündigt: „So wird das Edomiterland zu brennendem Pech, das Tag und Nacht in Flammen steht und nicht gelöscht wird; unaufhörlich steigt der schwarze Qualm zum Himmel."

Nun brennt das Land der Edomiter aber seit mindestens anderthalb Jahrtausenden nicht mehr, das Feuer ist längst erloschen. Hat sich die Prophezeiung deshalb nicht erfüllt? Natürlich hat sie sich erfüllt, denn die Bilder und Vergleiche wollten doch nur eins deutlich machen: Edom wird völlig und für immer zerstört. Nicht mehr und nicht weniger!

Ähnlich ist das Bild vom „Feuersee" in der Offenbarung zu verstehen. Es beschreibt die vollständige und endgültige Vernichtung. Nicht mehr und nicht weniger! Um Missverständnisse auszuschließen, heißt es nämlich: „... finden ihren Platz in dem See von brennendem Schwefel. Das ist der zweite Tod." (Offenbarung 21,8)

Die Kombination von „Feuersee" und „zweitem Tod" gibt für meine Begriffe ganz klar die Richtung an: Die Gottlosen kommen in den Flammen um, sie sterben, sie gehen zugrunde, sie werden vernichtet. Für mich ist es keine Frage, dass das Höllenfeuer nicht ewig brennt!

Wer dennoch an der Version der ewigen Qual festhalten will, müsste schon nach folgendem Auslegungsschema vorgehen: Die bildhaften Texte der Offenbarung müssten wörtlich genommen, alle anderen biblischen Belege aber symbolisch gedeutet werden.

Ich persönlich glaube, dass dies genau die falsche Reihenfolge ist. Wenn man die eindeutigen Aussagen der Bibel wörtlich deutet, kann man nicht an immerwährende Höllenqualen glauben.

Die Heilige Schrift sagt, dass Gott am Ende alle Tränen abwischen wird. Im Reich Gottes gibt es keine Trauer, keine Tränen und keine Schmerzen mehr. Selbst der Tod wird besiegt sein.

Ich glaube daran, weil Gottes Wort es verheißen hat. Aber wie sollen sich diese Verheißungen jemals erfüllen, wenn ungezählte Menschen für immer in der Hölle leiden? Meinen Sie nicht, dass dort die Tränen in Strömen fließen würden, weil Leiden und Schmerzen niemals aufhören?

Ich weiß nicht, ob ich jemals das Bild vergessen werde, dass sich mir von meinem Fenster aus bot, als die Feuerwände über Südkalifornien hinwegfegten. Die Glut loderte über die Berge hinaus und schickte schwarze Rauchwolken in den Himmel. In der Ferne hörte ich die Sirenen der Löschfahrzeuge, über mir dröhnten die Motoren der Rettungshubschrauber.

Obwohl ich nicht direkt bedroht war, ging mir die Katastrophe an die Nieren, denn ich fühlte mit den Verletzten und Obdachlosen mit. Immer wieder fragte ich hilflos: „Wie lange soll das noch so weitergehen? Guter Gott, willst du denn kein Ende machen mit dieser Not?"

Wenn ich an das Endgericht Gottes denke, geht es mir ähnlich, und ich bin froh, dass ich weiß: Auch das „Feuer des Gerichts" geht einmal zu Ende. Denn alles, was Jesus uns über seinen Vater erzählt hat, weist in diese Richtung. Und alles, was wir über die Gerechtigkeit Gottes wissen, lässt keinen anderen Schluss zu.

Und noch etwas macht mir Mut. Wenn diese sündige Welt durchs Feuer gereinigt worden ist, wird Gott eine neue, schönere Welt für alle schaffen, die an ihn glauben. Es wird eine Welt der Liebe und des Friedens sein, in der es weder Sünde noch Tod gibt.

Ich will nicht zu denen gehören, die in den Flammen der Hölle verbrennen. Deshalb halte ich mich zu Gott, denn ich weiß, dass er keins seiner Kinder preisgibt – weder Sie noch mich. Aus seiner Hand werden wir ewiges Leben empfangen, wenn wir seine Hand bis zuletzt festhalten.

Sie sollen getröstet werden

Wenn ein trauerndes Herz sprechen könnte, würden Sie vielleicht Worte wie diese hören:

Edwin ist nun schon drei Monate tot, aber manchmal bin ich noch wie gelähmt. Ich hätte nicht gedacht, dass Trauer so schmerzt. Manchmal scheint es mir, als müsse er jeden Augenblick zur Tür hereinkommen, aber das ist natürlich Einbildung. Ich weiß, dass ich über diesen Verlust hinwegkommen muss; schließlich geht das Leben weiter. Aber wenn ich etwas von Edwins Sachen weggebe, kommt es mir jedesmal so vor, als würde ich damit ein Stück Erinnerung an ihn auslöschen. Und das ist doch das einzige, was mir noch von ihm geblieben ist.

Ich muss oft an die Zeit denken, als noch Musik durch unser Haus schallte. Manchmal nervte mich das ständige Üben und ich habe mich unwillig beschwert. Heute macht mich der Gedanke daran noch trauriger. Wie schön er doch spielen konnte! Und das nicht mit den Fingern, sondern mit dem Herzen. Er füllte das ganze Haus mit herrlicher Klaviermusik. Wie still und leer es doch ohne ihn geworden ist. Manchmal scheint es mir, dass mit ihm alle Musik dieser Welt gegangen ist.

Mag sein, dass Menschen, die solch einen schmerzlichen Verlust erlitten haben, einiges über Trauerbewältigung wissen. Doch oft haben sie das alles nur im Kopf, ohne dass ihr Herz dadurch getröstet wird. Sie glauben daran, dass es einen Ausweg aus der Trauer gibt, aber sie spüren so wenig davon. Es ist wirklich nicht leicht, geliebte Menschen zu verlieren.

Jakobs Söhne waren wirklich keine Engel. Sie wuchsen im rauhen Bergland Kanaans heran und waren etwa so zahm wie wilde Füchse. Ruben zum Beispiel war die Unruhe in Person. Seine Brüder Simeon und Levi galten als Hitzköpfe. Wer sie reizte kam nicht ohne Beulen und blaue Flecke davon. Juda war ein Schürzenjäger und Issaschar hatte den Spitznamen „knochiger Esel".

Das Leben dieser hebräischen Familie war hart und bot wenig Raum für vornehme Manieren. Dennoch wuchs einer von Jakobs Söhnen anders auf als die anderen. Niemand hätte zu sagen gewusst, warum das so war. Vielleicht hatte Josef sein Feingefühl und den Sinn für das Schöne von seiner Mutter Rahel geerbt. Jedenfalls war er ein Träumer, ein Junge, der mit seinen Gedanken immer ganz weit weg war, selbst wenn er die Schafe hütete oder den Weizen drosch.

Ausgerechnet diesen Sohn hatte Jakob besonders lieb. Er bevorzugte ihn bei jeder Gelegenheit und schenkte ihm zu allem Überfluss noch ein buntes, reich verziertes Gewand. Natürlich wurden die Brüder neidisch und ärgerten sich schwarz. Bald wurde aus Neid blanker Hass. Als sich eine Gelegenheit bot, verkauften sie den eigenen Bruder unter der Hand an ismaelitische Kaufleute. Endlich waren sie den Träumer los.

Um die schmutzige Tat zu vertuschen, beschmierten seine Brüder Josefs Obergewand mit Blut und machten den Vater glauben, ein wildes Tier habe seinen Lieblingssohn gefressen. Den alten Mann traf diese Nachricht wie ein Keulenschlag. Er zerriss sein Gewand und zog als Zeichen der Trauer Sackleinen an.

Wenn man den biblischen Bericht über Jakobs Trauer liest, meint man das Jammern und Wehklagen des alten Mannes beinahe zu hören: „Seine Söhne und Töchter kamen, um ihn zu trösten, aber er wollte sich nicht trösten lassen. ‚Ich werde so lange um ihn trauern, bis ich selbst zu ihm in die Totenwelt komme‘, beharrte er. So sehr hatte ihn der Verlust getroffen.“ (1. Mose 37,35)

So ist es bis heute. Menschen, die einen geliebten Angehörigen verloren haben, lassen sich nur schwer trösten. Es scheint so, als würden sie sich innerlich gegen alle Versuche, ihnen Trost zuzusprechen, wehren.

Worte der Hoffnung erreichen sie kaum, und wo andere noch oder schon wieder Licht sehen, da ist für sie noch alles in Dunkelheit gehüllt. Am liebsten würden sie dem Verstorbenen in den Tod folgen, denn sie meinen, ohne den anderen nicht weiterleben zu können.

Warum ist das so? Wahrscheinlich liegt das daran, dass der Mensch den Tod als unnatürlichen Eingriff empfindet und den Verlust des geliebten Menschen als ungerecht und als persönlichen Angriff empfindet.

Ich weiß nicht, ob Sie die Geschichte von Tabita kennen. Das war eine wohltätige Christin aus der jüdischen Stadt Joppe. Eines Tages starb sie unerwartet und viel zu früh, wie alle meinten. In der Apostelgeschichte heißt es: „Die Witwen der Gemeinde drängten sich um ihn [Petrus] und zeigten ihm unter Tränen die Kleidungsstücke, die Tabita für sie gemacht hatte." (9,39)

Der Wortlaut des Gesprächs zwischen Petrus und den Trauernden ist zwar nicht überliefert, doch ich könnte mir vorstellen, dass er sich so oder ähnlich anhörte: „Es ist so ungerecht. Schau dir doch an, was diese Frau für uns getan hat. Wenn es jemandem an Kleidung fehlte, setzte sie sich hin und nähte, was gebraucht wurde. Sie sah die Not anderer und war die erste, die half. Warum musste solch eine gute Frau so früh sterben? Meinst du nicht auch, dass das ungerecht ist?"

Jeder, der an einen Gott der Liebe glaubt, muss sich früher oder später mit dieser Frage auseinandersetzen. Wenn der Tod in unserem Familien- oder Freundeskreis zuschlägt, lassen sich mitunter verstandesmäßige Begründungen dafür finden, aber unser Herz will es einfach nicht hinnehmen, dass uns ein geliebter Mensch für immer entrissen worden ist. Wir trauern und grübeln, wir grübeln und trauern, wir drehen uns im Kreis und kommen zu keinem Ergebnis.

In diesem Zusammenhang fällt mir die Reaktion der Martha nach dem Tode ihres Bruders ein. Martha, Maria und Lazarus waren Geschwister und gehörten zum engsten Freundeskreis Jesu. Plötzlich starb Lazarus und ließ seine Schwestern fassungslos zurück. Als Jesus ins Dorf kam, beklagte sich Martha: „Wenn du bei uns gewesen wärst, hätte mein Bruder nicht sterben müssen." (Johannes 11,21)

„Wenn Du bei uns gewesen wärst …!" Überfällt dieser Gedanke nicht auch uns, wenn wir einen tragischen Verlust verkraften müssen? Liefert der Tod eines lieben Menschen nicht den Beweis dafür, dass Gott abwesend ist oder sich zumindest mehr um andere kümmert als um mich? Hat er mich aufgegeben oder will er mich gar bestrafen?

Ob Sie es glauben oder nicht, genauso fühlte sich auch Jesus. Als er am Kreuz hing, hatten ihn fast alle Jünger und Freunde verlassen. Wo waren sie in der schwersten Stunde seines Lebens, da er sie so dringend gebraucht hätte? Sie waren feige geflohen und hatten ihn alleingelassen in seinem Schmerz und seinem Leid. Nur seine Feinde waren geblieben, um sich an seinem Unglück zu weiden und ihn zu verspotten.

Aber das war nicht alles. Jesus fühlte sich nicht nur von seinen Freunden verlassen, sondern auch von Gott. Mit versagender Stimme schrie er vom Kreuz aus: „Mein Gott, mein Gott, warum hast du mich verlassen?" (Matthäus 27,46)

Für mich heißt das:

Auch Christus hat erleben müssen, wie schrecklich es ist, von allen verlassen zu sein. Er kennt die Trauer, die sich nicht mit Worten lindern lässt. Und doch hat er nicht aufgegeben! Mir ist, als hörte ich ihn sagen: „Ich weiß, wie verletzt du bist, wie dunkel es in dir und um dich ist; aber sei getrost, bald wird Licht die Finsternis zerreißen. Auch für dich gibt es einen neuen Morgen."

Trauer ist ein natürlicher und notwendiger Heilungsprozess für die Seele. Wer nicht trauern kann, hat es schwer, innerlich wieder gesund zu werden. Wenn der Tod in unser Leben eingreift, erstarrt zunächst einmal alles in uns. Wir wollen den Verlust einfach nicht wahrhaben und lehnen uns dagegen auf. Aber mit der Trauer setzt zugleich die Heilung ein.

Wie das Fieber ein Zeichen dafür ist, dass sich der Körper gegen eine Krankheit wehrt, so signalisiert Trauer, dass sich Herz und Seele auf den Weg gemacht haben, mit einem traumatischen Erlebnis fertig zu werden.

Vielleicht trauern Sie gerade um Ihren Ehemann oder Ihre Ehefrau, vielleicht um Ihr totgeborenes Baby, auf das Sie sich so gefreut hatten, oder um einen Teenager, der auf dem Heimweg von einem Betrunkenen überfahren worden ist. Vielleicht hat der Arzt Ihnen gerade eröffnet, dass die Geschwulst in ihrem Körper bösartig ist, und der Gedanke daran lässt ihnen das Blut in den Adern gefrieren.

All das sind Situationen, die sich nur schwer ertragen lassen. Dennoch möchte ich Ihnen Mut machen, nicht aufzugeben. Seien sie traurig über das, was ihnen zugestoßen ist. Sie dürfen das nicht nur, sondern Sie müssen es sogar. Nur lassen Sie sich innerlich nicht völlig fallen.

In den Wochen und Monaten fassungslosen Traurigseins, die auf den Tod eines geliebten Menschen folgen, sagt uns Gott einfach nur dies:

„Es ist völlig in Ordnung zu weinen und wütend zu sein. Ich verstehe es sogar, wenn Du mich eine Zeitlang aus Deinem Leben aussperrst. Ich werde trotzdem an jedem neuen Morgen da sein. Und nicht nur an jedem Morgen, sondern auch inmitten Deiner Trauer und inmitten Deines Leides. Ich habe meinen Sohn nicht verlassen, als er am Kreuz hing, obwohl er das so empfand; ich lasse auch Dich nicht allein, selbst wenn Du mich im Augenblick nicht sehen kannst!"

Ich weiß natürlich, dass der Weg des Trauerns nicht immer glatt verläuft. Auch hier gibt es eine Reihe ungelöster Fragen. Was kann ich tun, wenn die Traurigkeit nicht aufhören will? Was ist, wenn der Kummer in Bitterkeit umschlägt? Was soll werden, wenn das Leid uns in eine chronische Depression stürzt? Wie kann ich verhindern, dass ich mich in meiner Trauer endlos um mich selbst drehe?

Kein Todesfall ist wie der andere und die Trauer darüber auch nicht. Es hängt von der Schwere des Schocks ab, wie intensiv und wie lange wir trauern. Dennoch ist und bleibt Trauer ein dynamischer Prozess und sollte nicht zu einem starren, unveränderlichen Zustand werden.

Das lässt sich am ehesten vermeiden, wenn man sich bewusst macht, dass Trauer in Phasen verläuft, und deshalb nach dem Schock, nach Verzweiflung und Auflehnung auch wieder Hoffnung aufleuchtet.

An dieser Stelle möchte ich an einem Beispiel zeigen, wie Trauer sogar zu einem Geschenk werden kann.

Shirley und ihr Ehemann hatten einen Jungen adoptiert. Sie nannte ihn manchmal „unser Weihnachtsgeschenk", denn zu Weihnachten war er in ihr Haus gekommen. Er war immer der erste in der Familie, wenn es um Weihnachten ging. Spätestens Mitte November brachte er seine Geschenkwünsche zu Papier. Er suchte den Weihnachtsbaum aus und schmückte ihn. Wenn er mit wohlklingender Stimme Weihnachtslieder anstimmte, sang der Rest der Familie unwillkürlich mit.

Kurz nach seinem 26. Geburtstag verstummte diese fröhliche, helle Stimme für immer. Shirleys Sohn kam bei einem Verkehrsunfall auf spiegelglatter Straße ums Leben. Er hinterließ eine Frau und eine kleine Tochter.

Von Trauer überwältigt, verkauften Shirley und ihr Mann das Haus, in dem sie alles an ihren Sohn erinnerte. Sie zogen weit weg und brachen alle Brücken zu ihren Freunden und zu ihrer Kirchengemeinde ab. Von Stund an feierten sie auch nicht mehr Weihnachten: kein Weihnachtsbaum mehr, keine weihnachtlich geschmückten Fenster, keine Lieder, keine Geschenke. All das war zusammen mit ihrem Sohn gestorben.

Siebzehn Jahre lang war Shirleys Trauer ein Hindernis zwischen ihr und Gott. Sie hatte keine Kraft, es aus dem Weg zu räumen.

In all den Jahren hatte sie nicht einmal den Mut aufgebracht, das Grab des Sohnes zu besuchen. Das änderte sich auch nicht, als das Ehepaar in die alte Heimat zurückzog.

Wieder einmal stand Weihnachten vor der Tür, aber Shirley und ihr Mann würden keine Notiz davon nehmen. Doch am Heiligabend stürmte die Tochter ihres Sohnes plötzlich ins Haus. Sie war beladen mit Weihnachtsschmuck und Geschenken. Sie war inzwischen zu einer hübschen jungen Frau herangewachsen und strahlte die gleiche Lebensfreude aus wie ihr verstorbener Vater. Sie erzählte, dass sie im Weihnachtsgottesdienst ein Lied singen werde, und bat die Großeltern, mitzukommen.

Am nächsten Tag saßen Shirley und ihr Mann stocksteif auf einer Kirchenbank und unterdrückten nur mühsam die Tränen. Aber dann trat ihre Enkeltochter auf und sang mit glockenreiner Stimme „Stille Nacht, heilige Nacht". Den Großeltern kam es vor, als hörten sie in diesem Mädchen ihren Sohn singen. Da schmolz das Eis, das sich wie ein Panzer um ihre Herzen gelegt hatte.

Nach dem Weihnachtsgottesdienst sagte ihnen die Enkelin, dass sie jetzt gemeinsam einen Besuch machen würden. Ehe sich die Großeltern versahen, standen sie vor dem Grab ihres Sohnes. Wieder kroch eisige Kälte in Shirley hoch, doch dann stimmte die Enkeltochter an der letzten Ruhestätte ihres Vaters ein Lied an, das bis zu den nahen Bergen schallte:

Freue dich Welt, dein König naht.
Mach deine Tore weit.
Er kommt nach seines Vaters Rat,

der Herr der Herrlichkeit.
Jesus kommt bald, mach dich bereit.
Er hilft aus Sündennacht.
Sein Zepter heißt Barmherzigkeit,
und Lieb ist seine Macht.
Freut euch doch, weil Jesus siegt,
sein wird die ganze Welt.
Des Satans Reich darniederliegt,
weil Christ ihn hat gefällt.

Die junge Frau hatte die Begabung ihres Vaters geerbt, an den sie sich nicht einmal erinnern konnte. Ihre ganze Art strahlte Glauben und Hoffnung aus, keine Spur von Verbitterung. Als der letzte Ton verklungen war, hatte sich Shirleys innere Starre gelöst. Zum ersten Mal seit dem Tod ihres Sohnes spürte sie Frieden. Tränen strömten über ihr Gesicht, als sie sagte: „Ich kann wieder leben." Endlich konnte sie von ihrem Sohn Abschied nehmen.

Vielleicht können auch wir auf ähnliche Weise unsere Trauer überwinden. Wenn ein Mensch stirbt, heißt das nicht, dass auch für die Zurückbleibenden das Leben zu Ende ist. Es ist durchaus verständlich, wenn man im ersten Schmerz wie betäubt ist. Aber an einem gewissen Punkt müssen sich die Fenster des Herzens und die Türen nach außen wieder öffnen. Das Leben hält auch nach einem herben Verlust noch Glück und Freude für uns bereit. Wir dürfen es nicht zulassen, dass uns die Trauer völlig isoliert.

Gewiss, die Stimmen unserer Lieben mögen für immer schweigen, doch Gottes Stimme verstummt nicht. Obwohl es ihn das Leben seines geliebten Sohnes kostete, uns Freude zu bringen, singt er: „Freue Dich, Welt". Gott verlässt uns auch in den schwersten Stunden des Lebens nicht.

Das meinte König David, als er dichtete: „Und ob ich schon wanderte im finsteren Tal, fürchte ich kein Unglück; denn du bist bei mir, dein Stecken und Stab trösten mich." (Psalm 23,4 LB)

Dieser Mann wusste, wovon er sprach, denn er war selbst Schafhirte gewesen und hatte Gottes Führung immer wieder handgreiflich erlebt. Er musste in seinem Leben durch manch finsteres Tal und war manchmal nahe daran aufzugeben, doch dann sah er im Geiste den Hirtenstab Gottes und wusste: ER bringt mich durch.

Gott ist auch Ihnen nahe, selbst wenn Ihre Augen voll Tränen sind und Sie ihn nicht sehen können. Er ist auch Ihr guter Hirte und möchte, dass Sie wieder froh werden. Vielleicht müssen Sie das erst wieder lernen.

Oft ist dieses Ziel nur in kleinen Schritten zu erreichen, aber es ist wichtig, dass Sie so bald wie möglich damit beginnen. Auch für den, der trauert, gibt es Möglichkeiten, sich zu freuen. Die Musik beispielsweise oder die Beziehung zu Freunden, Bekannten und Nachbarn hat schon viele Menschen getröstet.

Trauernde müssen unbedingt einen Weg finden, auch weiterhin zu lieben, selbst wenn es so scheint, als sei die Liebe mit dem Verstorbenen ins Grab gesunken. Wir brauchen andere Menschen, um weiterleben zu können; und sie sind ja auch da, wir müssen nur die Augen aufmachen.

Ich erinnere mich in diesem Zusammenhang an ein altes chinesisches Märchen.

Eine Frau hatte ihren Mann verloren. Sie war untröstlich. Deshalb ging sie zu einem heiligen Mann und bat ihn, ihr zu helfen, den Schmerz und die Trauer zu überwinden. Der Weise sagte: „Geh, suche ein Haus, in dem es noch nie Trauer gegeben hat. Und wenn du es gefunden hast, bitte um ein Senfkorn und bringe es mir. Damit werde ich deine Trauer vertreiben."

Die Frau machte eilends kehrt und begann mit ihren Nachforschungen. Sie lief von Haus zu Haus, aber sie fand keine Familie, die nicht irgendwann und irgendwie von einem schweren Schicksalsschlag betroffen worden war.

Je mehr Menschen sie besuchte, desto mehr erfuhr sie über den Schmerz und das Leid anderer. Schließlich verstand sie, warum der Weise sie in die Häuser geschickt hatte: Leid wird dadurch überwunden, dass man es mit anderen teilt.

Im Buch Hiob findet sich ein schönes Beispiel dafür, dass schon die Menschen in alter Zeit etwas von Trauerbewältigung verstanden.

Hiob war ein Mann, dem es an nichts fehlte. Die Menschen hielten ihn für einen Liebling Gottes. Doch dann brach das Unheil über ihn herein. Er verlor fast seinen gesamten Besitz, zehn seiner Kinder kamen beim Einsturz eines Hauses ums Leben, und er selbst wurde krank.

Als seine Freunde das hörten, kamen sie, um ihn zu trösten: „Sie sahen ihn schon von ferne, doch sie erkannten ihn nicht. Als sie näherkamen und sahen, dass er es war, fingen sie an, laut zu weinen. Sie zerrissen ihre Oberkleider und warfen Staub in die Luft und auf ihre Köpfe. Dann setzten sie sich neben Hiob auf die Erde. Sieben Tage und sieben Nächte blieben sie so sitzen, ohne ein Wort zu sagen, denn sie sahen, wie furchtbar Hiob litt." (Hiob 2,12.13)

Die drei Freunde hatten für den Leidenden keine schnellen Antworten parat. Sie konnten die Schicksalsschläge nicht erklären, aber sie waren da, um das Leid mit ihm zu teilen und mit ihm zu trauern.

Dieser Prozess der Trauerbewältigung wird auch heutzutage von Psychologen empfohlen. Sie sagen, dass der Mensch besser mit Trauer fertig wird, wenn er sie mit anderen teilen kann. Dabei kommt es nicht auf gute Ratschläge an; es genügt schon, wenn Trauernde die Nähe eines anderen spüren.

Ich kann Ihnen nur wünschen, dass es solche Menschen in Ihrer Nähe gibt; denn wenn Sie Ihre Trauer für sich behalten, wird sie ihnen möglicherweise über den Kopf wachsen. Geteiltes Leid ist wirklich halbes Leid!

Und wenn Sie keinen Menschen haben, mit dem Sie die Trauer teilen können, dann wenden Sie sich an Jesus. Von ihm heißt es in einem Prophetenwort:

„Denn der Herr hat mich erwählt, um den Armen gute Nachricht zu bringen, den Verzweifelten neuen Mut zu machen ... Die Weinenden soll ich trösten und allen Freude bringen." (Jesaja 61,1-3)

Der beste Trost aber ist im Versprechen Jesu zu finden: „Ich bin die Auferstehung und das Leben. Wer mich annimmt, wird leben, auch wenn er stirbt, und wer lebt und sich auf mich verlässt, wird niemals sterben." (Johannes 11,25.26)

„Jetzt wohnt Gott bei den Menschen! Er wird bei ihnen bleiben, und sie werden sein Volk sein. Gott selbst wird als ihr Gott bei ihnen sein. Er wird alle ihre Tränen abwischen. Es wird keinen Tod mehr geben und keine Traurigkeit, keine Klage und keine Quälerei mehr. Was einmal war, ist für immer vorbei." (Offenbarung 21,3.4)